NOTICE

DES

PEINTURES, SCULPTURES

ET DESSINS

DE L'ÉCOLE MODERNE

EXPOSÉS DANS LES GALERIES

DU

MUSÉE NATIONAL DU LUXEMBOURG.

PRIX : 75 CENT.

PARIS,
CHARLES DE MOURGUES FRÈRES,
IMPRIMEURS DES MUSÉES NATIONAUX,
RUE J.-J.-ROUSSEAU, 58.

1879.

NOTICE

DE

PEINTURES, SCULPTURES

ET DESSINS

DE L'ÉCOLE MODERNE

EXPOSÉS DANS LES GALERIES

DU

MUSÉE NATIONAL DU LUXEMBOURG.

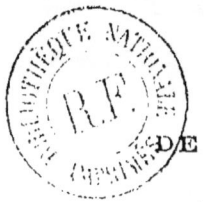

PRIX : 75 CENT.

PARIS,

CHARLES DE MOURGUES FRÈRES,

IMPRIMEURS DES MUSÉES NATIONAUX,

RUE J.-J.-ROUSSEAU, 58.

1879

Paris, *Janvier 1879.*

Monsieur le Directeur,

J'ai l'honneur de soumettre à votre approbation la Notice des œuvres d'art exposées dans le Musée du Luxembourg.

Ce Musée ayant été enrichi dernièrement d'un certain nombre de Peintures et de Sculptures choisies par le Conservatoire des Musées nationaux, entre les oùvrages acquis par la Direction générale des Beaux-Arts, j'ai pensé qu'il devenait nécessaire de refondre dans l'ordre alphabétique du Catalogue, ces nouvelles acquisitions et les divers suppléments qui avaient grossi successivement la Notice de 1875.

Agréez, Monsieur le Directeur, l'assurance de mes sentiments respectueux et dévoués.

PH. DE CHENNEVIÈRES.

APPROUVÉ :

Le Directeur des Musées nationaux,

F. REISET.

INTRODUCTION

Le Musée du Luxembourg, consacré aux ouvrages des peintres et sculpteurs contemporains, et formant à distance la continuation naturelle des galeries de l'École française au Louvre, n'a été, dans son origine, qu'une compensation de richesses pour le palais qu'il décore.

Le palais de Marie de Médicis fut, en effet, dès sa fondation, et n'a jamais cessé d'être un sanctuaire d'art.

La reine régente, que son sang et son nom prédestinaient à protéger les artistes, avait appelé à le décorer et Duchesne, et Jean Mosnier et Quentin Varin, et Ph. de Champaigne; le Poussin, dans sa jeunesse, fut employé « à quelques petits ouvrages dans certains lambris des appartements » (1). *L'inventaire général des tableaux du roi, fait en 1709 et 1710 par le sieur Bailly, garde desdits tableaux*, nous montre encore, au commencement du XVIII° siècle, la *Chambre des Muses* ornée des panneaux des neuf sœurs attribuées à Gentileschi, et présidées par une *Minerve française*, de Ph. de Champaigne, qui a remplacé l'Apollon, inscrit ailleurs sous le titre d'*Orphée* (pauvres peintures bien usées aujourd'hui et longtemps conservées dans les magasins du Louvre); — dans la grande chapelle, un *Jésus-Christ porté au tombeau*, de CHAMPAGNE LE VIEUX; — un *Hercule filant auprès d'Omphale*, de S. VOUET; — et dans le *Cabinet doré*, sous l'éternel nom de JEANET, huit tableaux historiques, dans presque tous lesquels figurent la reine Catherine de Médicis ou le cardinal de Lorraine. Ce même *Cabinet doré* contenait quatre tableaux et neuf tableaux en plafonds du vieux MOSNIER », représentant des sujets allégoriques à la gloire de la reine Marie de Médicis. L'un de ces tableaux est au Louvre; deux autres ont trouvé place dans la décoration de la salle moderne du *Livre d'or* au Luxembourg.

---

(1) « Étant de retour en Lorraine, dit ailleurs Félibien, Israël Henriet demeura quelque temps à Nancy, puis vint à Paris travailler sous Duchesne, peintre, qui logeait à Luxembourg. Le Poussin y demeurait aussi alors, qui ne faisait que commencer à peindre; mais il n'y fut pas longtemps, et s'en alla à Rome. »

Mais ce qui a fait pour toujours et à bon droit oublier tout le reste, ce fut cette galerie de Médicis, où le maître respecté du Poussin manqua l'occasion de sa gloire, et où Rubens déroula les vingt-quatre toiles splendides qui devaient rester pendant deux siècles l'école la plus suivie de nos peintres.

M. Villot, en tête du Catalogue qu'il a donné des trois expositions du Musée du Luxembourg, en 1852, 1855 et 1863, a raconté dans une savante introduction, l'histoire des diverses collections de tableaux qui occupèrent, depuis 1750, les appartements du palais. Il a recueilli les témoignages contemporains sur ce grand événement des plus fameux tableaux du Cabinet du Roi, livrés pour la première fois au public, et qui fut le précieux point de départ de notre galerie nationale. L'idée, toute simple qu'elle nous puisse sembler aujourd'hui, apparut justement alors tellement heureuse et tellement féconde pour le progrès des arts, que chacun en revendiqua l'honneur, et M. de Tournehem et M. de Marigny la disputèrent à un ingénieux critique de salons, La Font de Saint-Yenne, qui l'avait produite, en 1747, dans ses *Réflexions sur quelques causes de l'état présent de la peinture en France*. On a même fait remonter l'initiative de cette noble pensée à la sœur de M. de Marigny, la toute puissante marquise de Pompadour; pleine d'ambition pour les arts qu'elle cultivait, Mme de Pompadour pourrait, en effet, avoir été le véritable promoteur d'une idée populaire parmi les artistes, et qui s'accommodait si bien avec ses grands projets d'achèvement du Louvre.

Mais il fallut quarante ans encore pour que le Louvre fût prêt à recevoir les chefs-d'œuvre du Cabinet du Roi et jusque-là ce fut le Luxembourg qui leur livra ses galeries et ses appartements restés inoccupés depuis la mort, en 1742, de la reine d'Espagne, fille du Régent.

Pendant trente années, de 1750 à 1780, les curieux et les étrangers purent admirer et étudier librement dans le même palais, — l'incomparable série de Rubens représentant la vie de Marie de Médicis, et décorant, comme chacun sait, la galerie droite, aujourd'hui détruite, et dont une partie sert de cage à l'escalier d'honneur du palais, — et puis répartis dans l'autre galerie parallèle, aujourd'hui remplie par nos grandes toiles modernes, et dans les vastes appartements intermédiaires de la feue reine, une centaine des œuvres les plus célèbres que possédât la France, de Raphaël, du Corrège, d'André del Sarte, du Titien, de Paul Véronèse, du Caravage, du Poussin, de Claude, de Rubens, de Van-Dyck, de Rambrandt, etc. Joignez à cela certains superbes dessins de Raphaël et du Poussin, lesquels ne rentrèrent dans les portefeuilles que dévorés par une si longue exposition.

Dans les derniers jours de 1779, le Luxembourg fut donné en apanage à Monsieur, comte de Provence, et l'on retira du palais le bien du roi, c'est-à-dire les tableaux de son Cabinet et les grandes toiles de Rubens; on les destina dès lors « à faire partie de la collection qui enrichira le Muséum du Louvre. »

Vingt ans se passèrent ; le palais, tombé en pleine dégradation, se restaura d'abord pour le Directoire, puis pour le Sénat. L'architecte Chalgrin n'acheva ses travaux qu'en 1804; mais dès 1801, sur la demande des préteurs du Sénat, Chaptal, ministre de l'intérieur, décida la création du Musée du Luxembourg, et « le 18 janvier 1802, J. Naigeon en fut nommé conservateur, avec mission de l'organiser et de faire restaurer les peintures en mauvais état. Naigeon avait rendu de grands services comme membre de la commission des arts, en 1793, et comme conservateur du dépôt de l'hôtel de Nesle, où il rassembla tout ce qu'il put sauver des collections formées par les plus célèbres amateurs de l'époque. »

L'année 1802 n'était pas finie que Naigeon avait réuni les éléments de son Musée, et avec beaucoup de discernement. Les Rubens en formaient naturellement la tête; puis il avait choisi cinq tableaux divers de ce Ph. de Champaigne qui avait tant travaillé jadis à la décoration du palais, et qui l'avait même habité longtemps; puis il était allé chercher à Versailles, dans le Musée de l'École française, les tableaux de la vie de saint Bruno, peints par Le Sueur pour le cloître des Chartreux, les plus proches voisins du Luxembourg; puis, dans ce cloître des Chartreux, Naigeon avait encore trouvé les deux autres Le Sueur, représentant le *Plan de la Chartreuse* et la *Dédicace de l'église*, et, en outre, les vingt paysages peints sur les volets destinés à couvrir les tableaux de Le Sueur; enfin, il s'était fait livrer, au Ministère de la marine, la suite des ports de France, par Jos. Vernet et Hue, et le nom de *salles des Vernet* en est resté à cette enfilade de salles dont l'espace faisait primitivement partie de la galerie de Médicis. En formant de ces diverses collections capitales le musée du Sénat conservateur, Naigeon assurait au Luxembourg une incontestable importance et l'empressement des curieux, et du même coup soulageait la grande galerie du Louvre, qui s'accommode peu de telles séries et qui en noie l'intérêt.

Naigeon, pour compléter son musée, recueillit à droite et à gauche un Raphaël, un Poussin, un Rembrandt, un Titien, un Ruysdael, un Terburg, un Van Velde, et la collection dura ainsi de 1803 à 1815. En 1815, les alliés, en se retirant, ont remporté le butin de nos conquêtes; il faut combler les lacunes du Louvre, et les Rubens et les Le Sueur y sont rappelés. Il ne reste plus au Luxembourg que 17 tableaux anciens, et les 17 eux-mêmes retourneront au Musée royal en 1821.

Mais la galerie de la Chambre des Pairs ne pouvait rester sans tableaux, et de ce moment date la vraie création de notre Musée actuel. Louis XVIII ordonna que cette galerie fût consacrée aux ouvrages des artistes nationaux vivants, et le 24 avril 1818 elle se rouvrait avec 74 tableaux de l'École française contemporaine.

Notre prédécesseur, M. Elz. Naigeon, fils de l'organisateur du Musée, disait, dans un rapport adressé, le 17 janvier 1850, à M. le comte de Nieuwerkerke : « En 1818, une ordonnance royale attribua ces diverses collections (les Rubens et les Le Sueur) au domaine de la couronne..... Mais en échange, le roi Louis XVIII, voulant remplacer autant que possible, dans le palais de la Chambre des Pairs, un Musée qui contribuait à son importance et vivifiait le quartier du Luxembourg, ordonna la formation, dans le même local, d'un Musée destiné aux artistes vivants, également sous l'administration de la Chambre des Pairs. » — Nous avons inutilement cherché l'ordonnance royale dans les archives du Louvre et dans le *Bulletin des Lois* à la date indiquée; l'initiative et la volonté du Roi n'en sont pas moins formellement constatées par *l'avis* suivant qui se lit en tête de « l'explication des ouvrages de peinture et sculpture de l'école moderne de France, exposés le 24 avril 1818 dans le Musée royal du Luxembourg destiné aux artistes vivants, — avis qui fut répété dans chaque édition du Livret jusqu'à l'année 1830 : « Le Musée du Luxembourg était originairement composé des tableaux de Rubens, représentant plusieurs sujets de l'histoire de Henri IV et de Marie de Médicis. Ils ont été réunis au Musée royal. Sa Majesté a voulu les remplacer par les ouvrages des artistes français. On devra à son goût éclairé pour les Beaux-Arts un établissement aussi intéressant pour le public qu'il est avantageux pour la gloire de l'école française. »

Bientôt, grâce à l'activité de Naigeon, on y put voir l'œuvre presque complet de David, les *Horaces*, et le *Brutus*, et la *Mort de Socrate*, prêtée par M. de Verac, et *Pâris et Hélène*, enfin les *Sabines* et le *Léonidas*.

Peut-être ne sera-t-il pas sans intérêt pour le lecteur de connaître la liste complète des artistes dont les ouvrages ont tour à tour figuré dans cette collection éminemment nationale du Luxembourg, depuis 1818 :

Peintres (Livret de 1818) : Abel de Pujol, Bergeret, J.-V. Bertin, J. Bidault, Blondel, Bouton, J. Broc, Callet, D.-A. Chaudet, Ph. Chéry, Aug. Couder, Crepin, J.-L. David, Demarne, Ducis, Dunouy, Duperreux, le comte de Forbin, les frères Franque (P. et Jos.), Garnier, Girodet-Trioson, Granet, P. Guérin, Paulin Guérin, Heim, Hennequin, Mme Husson (Vve Chaudet), Landon, J.-M. Langlois, J.-A. Laurent, Le Barbier aîné, Hip. Lecomte, Mme Haudebourt-Lescot, Lethière, Mlle Mauduit (Mme Hersent), Mauzaisse, Meynier, Mongin, J.-A. Pajou, Peyron, P.-P. Prudhon, Regnault, Régnier, Revoil, Richard, Robert-Lefèvre, Ad. Roehn, Taunay, Vanbrée, Vandael, Vanderburch, Vien, Vincent, Watelet; — 1819 : Mme Benoist, Ch. Tardieu; — 1820 : Hor. Vernet, Coupin de la Couprie, Drolling, Gros, Lafond jeune, Lemonnier, Mlle Mayer, Menjaud, Monsiau; — 1822 : Beaume, Bouhot, Eugène Delacroix, Delorme, Dubost, Cl.-M. Dubufe, Genod, Gérard, Guillemot, Huc, Lemasle, Michallon, Picot, Trezel, Turpin de Crissé, Vignaud, Vinchon; — 1823 : L. Cogniet, Daguerre, Fr. Dubois, Fragonard, Ingres, Rouget; — 1824 : Redouté; — 1825 : Alaux, Coutant, De Juinne, Gosse, Granger, Gudin, Hersent, Eug. Lami, Lancrenon, Leprince, Letellier, Remond, Renoux, Saint-Evre, Schnetz, Mme Servières, Tournier, P. Delaroche, Leblanc, Sigalon, Smith, Fabre (de Montpellier), Steuben, Carle Vernet; — 1827 : Boguet; — 1828 : Court, Eug. Deveria, Forestier, Knip, Léop. Robert, A. Scheffer; — 1829 : Robert-Fleury, Ch. Langlois; — 1831 : Ponce-Camus, Thevenin, Ansiaux, Berthon, Bodinier, Bonnefond, Brascassat, Aug. de Bay, Decaisne, Duval-le-Camus père, André Giroux, Eug. Isabey, Jacquand, Larivière, Lepoittevin, Lessore, Monvoisin, Roqueplan, H. Scheffer, Vaffard; —1833 : Ed. Bertin, Biard, Brune (Christ.), Cottrau, Dassy, Gassies, Odier, Poterlet, Rioult, Tanneur, Ziegler; — 1834 : Aligny, Berré, Dauzats, Jolivard, L. Pallière, Thomas; — 1836 : Mme Bruyère, L. Dupré, Gallait, J.-M. Gué, J. Jollivet; — 1838 : Cl. Boulanger, A. Johannot; — 1839 : Hip. Flandrin, Jacobber; — 1840 : Isabey père, J. Joyant, Philippotaux; — 1842 : Caminade, Champmartin, Mme Desnos, Ch. Gleyre, L. Grosclaude, Justin-Ouvrié, Wickemberg; — 1844 : Aug. Leloir, T. de la Bouère, C.-L. Mozin, Jac. Pilliard, Signol, Dagnan, Aug. Delacroix, Aug. Glaize; — 1852 : J. Achard, J. André, Antigna, F. Barrias, H. Bellangé, K. Bodmer, Ad. Brune, L. Cabat, Al. Colin, Th. Couture, Dehodencq, Ed. Dubufe, Fauvelet, L. Fleury, Galimard, H. Garnerey, Ern. Hebert, Hesse (Alex.), Hesse (Aug.), P. Huet, Jalabert, Jeanron, Lambinet, Landelle, Lanoue, Lapito, H. Lehmann, De Mercey, Muller, Penguilly l'Haridon, Mlle Rosa Bonheur, Alph. Roehn, Ph. Rousseau, Th. Rousseau, Cam. Saglio, Saint-Jean, Sebron, Tassaert, Vauchelet, V. Vidal; — 1855 : L. Benouville, L. Coignard, Corot, M. Dumas, Eug. Giraud, Monginot, Montessuy, Ziem, Mme Herbelin; — 1858 : Anastasi, P. Baudry, J. Breton, Comte de Curzon, Daubigny, P. Flandrin, Flers, Fortin, Français, Gendron, Gigoux, Hedouin, Langée, Lazerges, Lecointe, Lenepveu, Matout, Place, Troyon, Bida, Mme Cavé-Boulanger, Max. David; —1863 : Bellel, Belly, Bouguereau, Brest, Brion, Cabanel, Chasseriau, Chavet, De Coubertin, Decamps, Bl. Desgoffe, Desjobert, J. Duval-le-Camus, Fichel, Fromentin, Heilbuth, Ch. Jacque, Knaus, Laemlein, Ad. Leleux, Arm. Leleux, Ch. Marchal, H. Merle, P. Morain, Elz. Naigeon, H. Nazon, Schutzenberger, J. Tissot, A. Zo; — 1866 : Amaury-Duval, E. Appert, Berchère, Brendel, Ch. Chaplin, Cibot, J. Dauban, Duverger, Hamman, Eug. Leroux, Hect. Leroux, Meissonier, Patrois, Ranvier, Schreyer, Appian, Tourny, O. Achenbach, Busson, Chevandier de Valdrôme, J.-E. Delaunay, G. Doré, Giacomotti, Guillaumet, Hillemacher, Em. Lafon, Ribot, Richomme, Mlle Sarazin de Belmont, P. Soyer, Vetter, S. A. I. Mme la princesse Mathilde; — 1868 : Fr. Blin, Ch. Giraud, V. Giraud, Harpignies, Henner, Em. Lévy, Maisial, Ch.-H. Michel, Gust. Moreau, Pleysier, Roller, Sain, Mme de Saint-Albin, Timbal, de Tournemine, Ulmann, W. Wyld, Rochard, Troisvaux; — 1870 : J. Didier, J. Lefebvre, Alph. Legros; — Enfin, depuis 1871 : P. Chenavard, Ed. de Beaumont, Cam. Bellanger, C. Bernier, P. Billet, Jos. Blanc, E.-Th. Blanchard, Brémond, U. Butin, Carrier, P. Chardin, Chintreuil, L. Courtat, Courbet, Courtois, Al. Desgoffe, Diaz, Car. Duran, Ehrmann, Mme Escallier, Etex, Eug. Feyen, Feyen-Perrin,

H. Fonville, F. Gaillard, Galbrund, Gatteaux, Gérome, Gervex, P. Girard, L. Glaize, Guillemet, H. Guiot, Herpin, Humbert, Lansyer, Lapostolet, J.-P. Laurens, Mme Lavillette, E. Lebel, Lecomte-Dunouy, P. Lehoux, H. Lévy, M. Leyendecker, A. Maignan, Maréchal de Metz, E. Masson, E. Melida, J.-F. Millet, Mouchot, L. Mussini, Cél. Nanteuil, Cam. Paris, Mme Eug. Parmentier, L. Pelouse, H. Regnault, E. Renard, Riesener, H. de Rudder, Santai, Ségé, Sylvestre, E. Vernier, Vollon, O. Weber et J. Worms.

Sculpteurs: Chaudet, Moitte, F.-N. Delaistre, Aug. Pajou, Ch. Dupaty, Houdon, Julien, Bosio, Allegrain, Cartelier, Pradier, Cortot, Giraud, Lemoine, Petitot, Roman, Aug. Dumont, Rude, Jaley, Dantan aîné, Jacquot, Lemaire, Seurre aîné, Jouffroy, Bonnassieux, Desbœufs, Desprez, Duret, Fremiet, Gatteaux, Gruyère, Husson, Barye, Cavelier, Guillaume, Iselin, Maillet, Oliva, Michel Pascal, Schroder, G. Guitton, P. Hébert, Aimé Millet, Aizelin, Math. Moreau, Nanteuil, Perraud, Salmson, P. Dubois, Falguière, Leharivel-Durocher, Montagny, Moulin, Chapu, Gust. Crauk, Delorme, Farochon, Simart, R. Barthelemy, J. Becquet, Bourgeois, Cabet, Cain, Carrier-Belleuse, Cordier, Ad. David, Degeorge, Delaplanche, Etex, Geoffroy de Chaume, Hiolle, Et. Leroux, Loison, Maindron, Maniglier, Marcellin, Marcello, Mène, Mercié, Moreau-Vauthier, R. de Saint-Marceaux, Schœnewerk, Soldi, Thomas, Tournois, Truphème et Vechte.

De 1852 à 1857, une salle du musée fut consacrée à l'exposition des plus remarquables estampes gravées par MM. J. Bein, Aug. Blanchard, Bléry, Bridoux, Butavand, Caron, Chenay, Boucher-Desnoyers, Dien, Forster, Alph. François, J. François, Gelée, Girard, Henriquel-Dupont, P. Huot, Laugier, Marc. Lecomte, Ach. Lefèvre, Leroux, Alph. Leroy, L. Leroy, Lorichon, Ar. Louis, Ach. Martinet, Masquelier, Pollet, Potrelle, Z. Prévost, Ransonette, Rosotte, Saint-Eve, Burdet, Damour, Danguin, Daubigny, Decamps, Desperet, P. Girardet, Ch. Jacque, Leisnier, Alph. Masson, Meissonier, Ramus, Salmon, Vallot;

Ou lithographiées par MM. Aubry-Lecomte, Em. Lassalle, Eug. Leroux, Mouilleron, L. Noël, Raffet, Soulange-Teissier, Sudre, H. Baron, Hip. Bellangé, Champin, Dauzats, Eug. Delacroix, Desmaisons, Ach. Devéria, Hip. Flandrin, Français, Gavarni, J. Laurens, Cél. Nanteuil, de Rudder.

Le Luxembourg a toujours été, depuis sa destination nouvelle, un musée de passage : dans les vingt dernières années, il a même pris le caractère d'un dépôt des meilleurs ouvrages acquis par la direction des Beaux-Arts. Les œuvres des artistes que je viens de nommer l'ont traversé, les unes entrant après la mort de leurs auteurs dans le Musée du Louvre; les autres, par le renouvellement incessant de la collection, allant décorer les grandes résidences de l'État, ou retournant à la direction des Beaux-Arts, qui les avaient prêtées temporairement. C'est à un titre semblable de dépôt qu'y ont paru de 1871 à 1873 certains ouvrages acquis par le dernier domaine privé et qui avaient été retirés des Tuileries et du Palais de l'Élysée en septembre 1870, pour être mis à l'abri du bombardement dans les mêmes salles blindées que les tableaux et sculptures du Luxembourg. Ils méritaient par leur valeur que notre musée gardât le souvenir de leur passage. C'étaient : 1º le môle de Naples, d'Osw. Achenbach (salon de 1859) ; — 2º le Saint-Jean-Baptiste, de Baudry (salon de 1857) ; — 3º une Sainte-Famille, de Bouguereau (1863) ; — 4º le Siége d'une ville par les Romains, de Brion (1861) ; — 5º les Puritaines, de Mme H. Browne (1857); — 6º la Naissance de Vénus, de Cabanel (1863) ; — 7º Du même, Nymphe enlevée par un faune (1861) ; — 8º Calame, le Lac des Quatre-Cantons (1855) ; — 9º Charlet, une Bataille au temps du premier Empire ; — 10º Du même et terminé par Bellangé, une Halte militaire ; — 11º Courbet, Paysage (exp. univ. de 1867); — 12º Desjobert, la Baie de Saint-Ouen, à Jersey (1863) ; — 13º Guillaumet, un Douar en Algérie ; — 14º Hébert, la Jeune fille au puits (1863) ; — 15º Ingres, Jules César ; — 16º Du même, Louis XIV et Molière ; — 17º Landelle, Femme fellah (1866) ; — 18º Laugée, Sainte-Elisabeth de France (1865) ; — 19º Ranvier, les Baigneuses (1863) ; — 20º Saint-Jean, des Raisins (1855); — 21º Salentin, Noces enfantines.

Voici maintenant en quels termes furent soumises, en 1863, à M. le Surintendant des Beaux-Arts, les deux propositions relatives : 1º à une salle à consacrer aux artistes étrangers; 2º à la durée du séjour au Luxembourg des ouvrages des artistes après leur mort :

« La France a toujours été hospitalière et généreuse aux artistes étrangers. Son ancienne Académie royale de Peinture et de Sculpture admettait parmi ses membres, et par suite à ses expositions, les plus illustres d'entre eux; et c'est ainsi que le Louvre et Versailles possèdent certaines œuvres de la Rosalba, de Lundberg, de Panini, de Roslin, de Sergell et de tant d'autres. — Nos expositions, depuis cinquante ans, n'ont jamais cessé d'être universelles, en ce sens que toute œuvre qui s'y est présentée, signée d'un nom réputé, soit en Angleterre, soit en Belgique, soit en Allemagne, soit à Rome, soit à Madrid, y a été accueillie et étudiée avec faveur; vous-même, Monsieur le Surintendant, n'avez clos aucun des salons qui se sont ouverts sous votre direction, sans acquérir les plus méritoires des œuvres étrangères, lesquelles ont été jusqu'ici distribuées par vous aux meilleurs musées de la province. Mais le Louvre, après la mort de ces artistes, dont le choix de l'Empereur et les encouragements de l'administration des Beaux-Arts consacraient en France la notoriété, courait risque de n'avoir, pour sa part, aucun échantillon de leur talent, et vous avez pensé avec justice qu'une salle du Luxembourg pourrait vous garder en réserve les plus précieux morceaux des artistes étrangers se produisant à nos expositions, et dont la place était marquée d'avance dans la grande histoire de l'art, que le Louvre montre et devra éternellement montrer à l'Europe. De même que le Louvre présenterait la série des écoles anciennes de tous pays, le Luxembourg offrirait aux curieux des types heureux des diverses écoles vivantes de ces mêmes nations. La France, si libérale dispensatrice de ses enseignements, et dont les grands artistes contemporains ont répandu si loin leur influence par delà nos frontières, devait d'ailleurs cette réciprocité à des voisins qui gardent avec courtoisie dans leurs galeries royales ou publiques, au milieu de leurs trésors nationaux, des tableaux choisis de nos plus excellents peintres. — Déjà un tout petit nombre d'ouvrages étrangers se trouvait, comme par hasard, mêlé aux peintures françaises de la galerie du Luxembourg; dès que ce nombre se sera suffisamment accru pour former un groupe respectable, vous avez décidé qu'une salle lui serait consacrée auprès de nos compatriotes; — juste gloire pour ces étrangers, précieux point d'étude pour nous.

« Une tradition que je ne trouve confirmée par aucune décision officielle, et que je vois tout au contraire violée régulièrement à la mort de chacun des artistes un peu renommés de notre siècle, prétendait que « dix ans seulement après la mort de leurs auteurs, les ouvrages les plus remarquables acquis pour le Luxembourg par la Liste civile et l'État, seraient choisis pour les galeries du Louvre, où ils viendraient prendre place à côté de ceux de leurs illustres prédécesseurs et continuer l'histoire de l'art français. » — Cette tradition, Monsieur le Surintendant, je crois fermement qu'elle était saine et bonne, et au point de vue de l'absolue justice, je trouve que son délai n'avait rien d'exagéré. Dix années sont un bien court espace quand il s'agit de mûrir le jugement de la postérité; et, humilier par des œuvres médiocres l'école moderne, au Louvre, où le diapason est si haut, n'est ni nécessaire, ni patriotique. Le Luxembourg est la salle d'attente du Louvre : de là l'intérêt immense et passionné qu'ont les artistes à voir leurs œuvres admises dans cette galerie; de là aussi les efforts non moins passionnés et impatients de la famille et des amis de l'artiste mort pour faire franchir à ses ouvrages la barrière qui les sépare de la suprême consécration, j'allais dire de l'apothéose. Entre l'illusion profondément respectable et touchante des enfants de l'artiste ou des élèves qui vivent de ses principes, et le travail d'impartiale équité qui s'opère lentement dans le goût du public, un terme était à trouver; la tradition, à mon avis, ne se trompait guère : dix ans suffisent à peine pour dégager la valeur vraie d'un peintre de l'engouement passager de son époque ou de la séduction de ses qualités ou de ses amitiés humaines; d'autre part, il est tels artistes qui tiennent une si haute place dans l'école de leur temps, que l'acclamation universelle semble leur ouvrir à deux battants les portes du Louvre, et vous avez jugé que pour établir une loi praticable et désormais respectée, il valait mieux abréger l'épreuve, quitte à bien défendre l'entrée de votre galerie nouvelle, et à faire entendre aux artistes que si beaucoup sont appelés ici, quelques-uns seulement doivent être élus là-bas. La suprême noblesse de l'art et l'austère sévérité de son histoire le veulent ainsi. »

Nous croyons devoir reproduire ici ces deux propositions, parce qu'ayant été approuvées par M. le comte de Nieuwerkerke, en 1863, et n'ayant pas été abrogées, elles restent encore, depuis le jour où la Restauration transforma la galerie du Luxembourg en Musée spécial des œuvres de nos artistes vivants, toute la législation de ce Musée. Toutefois, nous regrettons vivement que les ressources des Musées nationaux n'aient jamais permis, depuis quinze ans, de former au Luxembourg ce groupe d'œuvres, capable d'y représenter d'une manière digne d'elles, et dans une galerie de quelque importance, les écoles d'Angleterre, de Belgique, de Suisse et de Hollande, avec lesquelles le public français s'était familiarisé dès les Expositions universelles de 1855 et de 1867, et les écoles d'Allemagne, d'Autriche, d'Italie et d'Espagne, dont l'Exposition universelle de 1878 vient de montrer les éclatants progrès.

Quant aux œuvres des maîtres qui, durant cinquante ans, avaient fait l'orgueil de notre école française et l'ornement sans égal du Musée du Luxembourg, le Louvre les a, les années dernières, réclamées à juste titre, et quelques grands artistes, morts plus récemment, vont les y suivre à bref délai. Nous aurions souhaité que certains noms, qui ont toujours fait défaut à la liste donnée ci-dessus, des peintres et des sculpteurs, dont les ouvrages ont traversé le Luxembourg, tels que ceux de Pils, de Hamon, de Jules Dupré, etc., etc., ou de ceux qui y sont incomplétement représentés, tels que Th. Rousseau, Diaz, J.-F. Millet, etc., pussent venir y combler les lacunes de notre école moderne, ne fût-ce que temporairement. Il y va d'un intérêt patriotique qui, nous l'espérons, ne peut manquer, quelque jour, d'être généreusement compris et satisfait.

Ph. DE CHENNEVIÈRES.

BIBLIOGRAPHIE

DES

NOTICES DES PEINTURES ET SCULPTURES

EXPOSÉES AU MUSÉE DU LUXEMBOURG

DEPUIS 1750 JUSQU'EN 1878.

---

1. — Catalogue des tableaux du Cabinet du Roy, au Luxembourg, dont l'arrangement a été ordonné, sous le bon plaisir de Sa Majesté, par M. de Tournehem, directeur général des bâtiments, jardins, arts et manufactures de S. M.; mis en ordre par les soins du sieur Bailly, garde des tableaux du Roy. L'ouverture s'en fera le 14 octobre de la présente année, les mercredi et samedi de chaque semaine, depuis neuf heures du matin jusqu'à midi, jusqu'à la fin d'avril 1751; et depuis le premier may 1751 jusqu'au mois d'octobre suivant, on n'y entrera qu'à trois heures après midi jusqu'à six heures du soir. —A Paris, de l'imprimerie de Prault père, quai de Gèvres, au Paradis. — M. DCC. L. — Avec permission. — In-12 de 47 pages et 96 numéros, sans y compter la galerie de Rubens. — Le permis d'impression est du 11 octobre.

2. — Catalogue des tableaux du Cabinet du Roy, au Luxembourg; quatrième édition, revue et corrigée. — Paris, de l'imprimerie de Prault père, quai de Gèvres, au Paradis. — M. DCC. LI. — In-12, 44 pages, vj pages d'avertissement, 96 numéros, non compris les 21 tableaux de Rubens. (Il est évident qu'il existe une 2ᵉ et une 3ᵉ édition, que nous n'avons pas encore pu nous procurer.)

3. — Catalogue des tableaux du Cabinet du Roy, au Luxembourg; nouvelle édition, revue, corrigée et augmentée de nouveaux tableaux. — A Paris, de l'imprimerie de Pierre-Alexandre Le Prieur, imprimeur du Roy, rue Saint-Jacques, à l'Olivier. — M. DCC. LXI. —Avec permission.—In-12 de 48 pages, vj pages d'avertissement 109 numéros, sans compter la galerie des Rubens.

4. — Même titre. — In-12 de 48 pages et 110 numéros, formant 28 pages. — 1762.

5. — Catalogue des tableaux du Cabinet de Roy, au Luxembourg, nouvelle édition, revue, corrigée et augmentée de nouveaux tableaux. — Paris, de l'imprimerie de Pierre-Alexandre Le Prieur, imprimeur du Roy, rue Saint-Jacques, à l'Olivier. —1768.— In-12, 48 pages, sans compter l'avertissement de 4 pages; 110 numéros, non compris les 21 tableaux de la galerie de Rubens.

6. — Catalogue des tableaux du Cabinet du Roy, au Luxembourg; nouvelle édition, revue, corrigée et augmentée de nouveaux tableaux. — A Paris, de l'imprimerie de Clousier, rue Saint-Jacques. — M. DCC. LXXIX. — Avec permission. — In-12 de 48 pages, 110 numéros.

7. — Explication des tableaux, statues, bustes, etc., composant la galerie du palais du Sénat, rétablie par ordre du Sénat conservateur. Elle comprend : la galerie de Rubens; le petit cloître des chartreux, de Le Sueur; les ports de France, par Vernet, avec la suite par le cit. Huc. — Prix, 75 cent. — A Paris, de l'imprimerie de P. Didot l'aîné, imprimeur du Sénat, aux galeries du Louvre. An XI. — M. DCCC. III. — In-12, 62 pages, 109 numéros.

8. — Explication des tableaux, statues, bustes, etc., composant la galerie du Sénat conservateur, rétablie par ses ordres.................. An XII. — M. DCCC. IV. — In-12 de 71 pages, 117 numéros. (Le numérotage est entièrement changé. — Il existe deux tirages : dans le premier, les pages 29 et 30 sont blanches, et ne renferment pas, comme dans le second, la description du tableau allégorique consacré à la mémoire de Le Sueur.)

9. — Explication des tableaux, statues, bustes, etc., composant la galerie du Sénat conservateur, rétablie par ses ordres. Elle comprend : la galerie de Rubens; le petit cloître des chartreux, de Le Sueur; les ports de France, par Vernet, avec la suite par M. Huc. — Prix, 75 cent. — Au profit de l'établissement. — A Paris, de l'imprimerie de P. Didot l'aîné, imprimeur du Sénat, rue du Pont-de-Lodi. — M. DCCC. VI. — In-12 de 71 pages, 120 numéros.

10. — Explication des tableaux, statues, bustes, etc., composant la galerie du Sénat conservateur, rétablie par ses ordres. Elle comprend : la galerie de Rubens; le petit cloître des chartreux, de Le Sueur; les ports de France, par Vernet, avec la suite, par M. Huc. — Prix, 75 cent. — Au profit de l'établissement. — A Paris, de l'imprimerie de P. Didot l'aîné, imprimeur du Sénat, rue du Pont-de-Lodi. — M. DCCC. XI. — In-12 de 72 pages, 121 numéros.

11. — Explication des tableaux, statues, bustes, etc., composant les galeries du palais de la Chambre des pairs de France. Elle comprend : la galerie de Rubens; le petit cloître des chartreux, de Le Sueur; les ports de France, par Vernet avec la suite, par M. Huc, etc. — Prix, 75 cent. — Au profit de l'établissement. — A

BIBLIOGRAPHIE DES NOTICES. XVII

Paris, de l'imprimerie de P. Didot l'aîné, imprimeur de la Chambre des pairs de France, rue du Pont-de-Lodi, n° 6. — 1814. — In-12 de 72 pages, 121 numéros. (Cette notice est pareille à la précédente, mais porte l'écusson aux trois fleurs de lis.)

12. — Explication des tableaux, statues, bustes, etc., composant la galerie de la Chambre des pairs. Elle comprend la galerie de Rubens ; le petit cloître des chartreux, de Le Sueur ; les ports de France, par Vernet, avec la suite par M. Hue. — Prix, 1 fr. — Au profit de l'établissement. — Paris, de l'imprimerie de P. Didot l'aîné, imprimeur du roi, rue du Pont-de-Lodi, n° 6. — 1815. — In-12, 75 pages, 101 numéros, y compris les sculptures.

13. — Explication des tableaux, statues, bustes, etc., composant la galerie de la Chambre des pairs. Elle comprend la galerie de Rubens ; le petit cloître des chartreux, de Le Sueur ; les ports de France, par Vernet, avec la suite par M. Hue. — Prix, 1 fr. — Au profit de l'établissement. — A Paris, de l'imprimerie de P. Didot l'aîné, imprimeur du Roi, rue du Pont-de-Lodi, n° 6. — 1816. — In-12 de 74 pages, 130 numéros.

14. — Explication des ouvrages de peinture et de sculpture de l'École moderne de France, exposés le 24 avril 1818 dans le Musée royal du Luxembourg, destiné aux artistes vivants. — Prix, 1 fr. — Au profit de l'établissement. — A Paris, de l'imprimerie de P. Didot l'aîné, chevalier de l'ordre royal de Saint-Michel, imprimeur du Roi. — 1818. — In-12 de 88 pages, 112 numéros. (Les numéros 73 à 89 sont encore des tableaux anciens.)

15. — Même titre et même année, mais avec un faux-titre différent. Celui de la notice précédente porte : *Galerie royale du Luxembourg* ; celui-ci : *Musée royal du Luxembourg*, dénomination conservée dans les notices suivantes. — In-12 de 87 pages, 115 numéros. (Les tableaux anciens occupent les numéros 75 à 91.)

16. — Même titre. — 1819. — In-12 de 87 pages, 115 numéros.

17. — Même titre. — 1820. — In-12 de 82 pages, 97 numéros. (C'est le premier livret où disparaissent les tableaux anciens.)

18. — Explication des ouvrages de peinture et de sculpture de l'École moderne de France, exposés le 25 août 1822 dans le Musée royal du Luxembourg, destiné aux artistes vivants. — Prix, 1 fr. — Au profit de l'établissement. — A Paris, de l'imprimerie de J. Didot l'aîné, rue du Pont-de-Lodi, n° 6. — 1822. — In-12 de 86 pages, 127 numéros.

19. — Explication des ouvrages de peinture et de sculpture de l'École moderne de France, exposés le 25 mai 1823 dans le Musée royal du Luxembourg, destiné aux artistes vivants. — Prix, 1 fr. — Au profit de l'établissement. — A Paris, de l'imprimerie de J. Didot l'aîné, rue du Pont-de-Lodi, n° 6. — 1823. — In-12 de 84 pages, 140 numéros.

20. — Explication des ouvrages de peinture et de sculpture de l'École moderne de France, exposés depuis le 25 mai 1823 dans le Musée royal du Luxembourg, destiné aux artistes vivants. — Prix, 1 fr. — Au profit de l'établissement. — A Paris, imprimerie de J. Didot aîné, rue du Pont-de-Lodi, n° 6. — 1824. — In-12 de 84 pages, 140 numéros.

21. — Explication des ouvrages de peinture et de sculpture de l'École moderne de France, exposés depuis le 1er mars 1825 dans le Musée royal du Luxembourg, destiné aux artistes vivants. — Prix, 1 fr. — A Paris, imprimerie de J. Didot aîné, rue du Pont-de-Lodi, n° 6. — 1825. — In-12 de 87 pages, 157 numéros. (On fit dans la même année une nouvelle édition de cette notice, avec le même titre, quoique différente de la première. Cette deuxième édition a 78 pages et 158 numéros.)

22. — Même titre. — 1827. — In-12 de 75 pages et 160 numéros.

23. — Explication des ouvrages de peinture et de sculpture de l'École royale de France dans le Musée royal du Luxembourg, destiné aux artistes vivants. — Prix, 1 fr. — Paris, imprimerie de Jules Didot l'aîné, rue du Pont-de-Lodi, n° 6. — Juin 1828. — In-12 de 72 pages et 148 numéros (en comptant le dernier ouvrage non numéroté).

24. — Même titre avec la date. — 1er novembre 1828. — In-12 de 78 pages et 147 numéros.

25. — Même titre. — 1er novembre 1829. — In-12 de 75 pages et 145 numéros.

26. — Même titre. — 1er mai 1830. — In-12 de 75 pages et 148 numéros.

27. — Explication des ouvrages de peinture et de sculpture de l'École moderne de France, exposés dans le Musée royal du Luxembourg, destiné aux artistes vivants. — Prix, 1 fr. — Paris, Vinchon fils, et successeur de Mme veuve Ballard, imprimeur des Musées royaux, rue J.-J.-Rousseau, n° 8. — Mai 1831. — In-12 de 64 pages, 134 numéros. — C'est le premier livret sur le titre duquel apparaît en fleuron la charte de 1830.

28. — Même titre. — Octobre 1831. — In-12 de 66 pages et 158 numéros (nouvelle édition). — C'est le premier livret dans lequel on ait ajouté, à la suite de chaque ouvrage, l'année du salon où il a été exposé.

29 — Même titre. — 1833. — In-12 de 72 pages et 180 numéros.

30. — Même titre. — 1834. — In-12 de 68 pages et 170 numéros.

31. — Même titre. — 1835. — In-12 de 70 pages et 173 numéros.

32. — Même titre. — 1836. — In-12 de 72 pages et 175 numéros.

33. — Même titre. — 1839. — In-12 de 75 pages, 175 numéros et un supplément de 176 à 182.

BIBLIOGRAPHIE DES NOTICES.   XIX

34. — Même titre. — 1840. — In-8° de 48 pages et 176 numéros. — C'est la première notice où la charte de 1830 disparaît du titre; elle commence la série de celles tirées in-8°, en beaux caractères et sur beau papier. Depuis cette époque il n'y a plus, à proprement parler, de nouvelles éditions, mais des tirages successifs avec des suppléments.

35. — Même titre. — 1840. — In-8° de 48 pages et 176 numéros; plus, un supplément de 6 pages, comprenant les n°ˢ 177 à 195.

36. — Même titre. — 1844. — In-8° de 56 pages, 176 numéros, et un supplément de 177 à 205.

37. — Même titre. — 1845. — In-8° identique au précédent.

38. — Même titre. — 1851. — 64 pages, 207 numéros, avec un supplément comprenant les n°ˢ 193 à 207, et une table alphabétique des artistes dont les ouvrages sont exposés.

39. — Notice des peintures, sculptures, gravures et lithographies de l'École moderne de France, exposées dans les galeries du Musée national du Luxembourg, par Frédéric Villot, conservateur de la peinture. — Prix, 1 fr. — Paris, Vinchon, imprimeur des Musées nationaux, rue J.-J.-Rousseau, 8. — Avril 1852. — In-12. — Lettre au directeur général, avertissement, introduction, ou Histoire abrégée des différentes expositions qui ont eu lieu au Luxembourg; bibliographie des notices précédentes, comprenant XXIV pages, 68 pages pour la description des objets et la table. — 285 numéros. — Il a été fait plusieurs tirages de cette édition.

40. — Notice des peintures, sculptures, gravures et lithographies de l'École moderne de France, exposées dans les galeries du Musée impérial du Luxembourg, par Frédéric Villot, conservateur de la peinture. — Prix, 1 fr. — Paris, Charles de Mourgues frères, imprimeurs des Musées impériaux, rue J.-J.-Rousseau, 8. — 1855. — In-12 de 108 pages.

41. — Notice des peintures, sculptures et dessins de l'École moderne de France, exposés dans les galeries du Musée impérial du Luxembourg, par Frédéric Villot, conservateur des peintures. — 3ᵇ édition. — Paris, Charles de Mourgues frères, imprimeurs des Musées impériaux, rue J.-J.-Rousseau, 8. — 1863. — In-12. — Lettre au directeur général; bibliographie des notices précédentes; décoration de la galerie et des salles du Musée du Luxembourg, comprenant XVIII pages, et 52 pages; 240 numéros.

42. — Notice des peintures, sculptures et dessins de l'École moderne de France, exposés dans les galeries du Musée impérial du Luxembourg. — Prix : 75 centimes. — Paris, Charles de Mourgues frères, imprimeurs des Musées impériaux, rue J.-J.-Rousseau, 8. — 1863. — In-12. — Lettre à M. le comte de Nieuwerkerke, surintendant des Beaux-Arts, par Ph. de Chennevières, conservateur-adjoint des

Musées impériaux, chargé du Musée du Luxembourg et des expositions d'art; bibliographie des notices précédentes; décoration de la galerie et des salles du Musée du Luxembourg, comprenant xx pages, et pour la description des œuvres et la table alphabétique des artistes, 52 pages; 240 numéros.—A la suite du Salon de 1864, un premier supplément a été ajouté, du n° 241 au n° 278 (pages 53-60);— à la suite du Salon de 1865, dans les tirages de 1866 et 1867, second supplément, du n° 279 au n° 306 (pages 61-67).

43. — Même titre. — 1868. — In-12, de xx et 60 pages. — 304 numéros (numérotage nouveau). Les tirages de 1870 et 1871 sont exactement conformes à cette édition de 1868.

44. — Notice des peintures, sculptures et dessins de l'école moderne exposés dans les galeries du Musée national du Luxembourg. — Prix 1 franc. — Paris, Charles de Mourgues frères, imprimeurs des Musées nationaux, rue Jean-Jacques Rousseau, 58. — 1872. — In-12. — Introduction par Ph. de Chennevières, conservateur du Musée du Luxembourg; bibliographie des notices précédentes; décoration de la galerie et des salles du Musée du Luxembourg, comprenant xxii pages et pour la description des œuvres et la table alphabétique des artistes, 82 pages; 361 numéros. — Un supplément du n° 361 au n° 388 (pages i-x) ajouté en 1873 indique des suppressions temporaires; — un autre supplément du n° 361 au n° 395 (pages i-x) a été ajouté en 1874.

45. — Notice des peintures, sculptures et dessins de l'école moderne, exposés dans les galeries du Musée national du Luxembourg. — Prix : 75 cent. — Paris, Charles de Mourgues frères, imprimeurs des Musées nationaux, rue J.-J. Rousseau, 58. — 1875. In-12. — Lettre au Directeur des Musées nationaux par M. P. Dubois, conservateur suppléant du Musée du Luxembourg. — Introduction par Ph. de Chennevières, conservateur du Musée.— Bibliographie des notices de peintures et sculptures exposées au Musée du Luxembourg depuis 1750 jusqu'en 1874.—Décoration de la galerie et des salles du Musée du Luxembourg, pages 1-23. — Énumération et description des œuvres et table alphabétique des articles, pages 25-110. — 367 numéros.

46. — Un supplément, du n° 368 au n° 398 (pages 113 à 122), indique, dans le tirage de 1876, les ouvrages enlevés, à titre temporaire, du Musée et ceux qui viennent alors d'y être introduits. — Nouveau tirage de la même notice en 1877, où le supplément seul est modifié, à partir du n° 382 et accru jusqu'au n° 420 (123 pages). — Nouveau tirage de la même notice et du supplément, portant sur la couverture la date de 1878.

DÉCORATION

DE LA GALERIE ET DES SALLES

DU MUSÉE DU LUXEMBOURG.

GRANDE GALERIE.

PLAFOND.

Le tableau qui occupe le centre du plafond de la grande galerie représente le lever de l'Aurore; il a été peint par Antoine-François Callet, né à Paris en 1741, grand prix de Rome en 1764, membre de l'ancienne Académie royale de peinture en 1780, mort à Paris le 5 octobre 1823.

L'Aurore, dans un char attelé de chevaux ailés, paraît annoncer le dieu du soleil; les vents légers la suivent en versant la rosée du matin. La Nuit fuit devant le flambeau du Jour en repliant son voile, où se cachent les Songes, ses enfants; un d'entre eux répand ses pavots.

Les autres tableaux, au nombre de douze, qui sont placés dans la partie supérieure de la voûte, avant et après le tableau du milieu, représentent des figures allégoriques, ayant pour attributs les douze signes du Zodiaque. Ces tableaux sont de Jacques Jordaens, peintre flamand, élève de Rubens, né à Anvers en 1593, mort en 1678.

PREMIER TABLEAU EN ENTRANT : *le signe de la Balance (Septembre)*. — Une femme, couronnée de fruits, tient d'une main une corne d'abondance remplie de raisins et indique le mois des vendanges; de l'autre, elle tient une balance, qui désigne qu'à cette époque l'équinoxe d'automne ramène l'égalité des jours et des nuits.

DEUXIÈME TABLEAU : *le Scorpion (Octobre)*. — Bacchanale ou fête de Bacchus. Un jeune satyre porte sur ses épaules le vieux Silène pris de vin et tenant une grappe de raisin; ils sont tous deux couronnés de pampres. Une bacchante les suit en jouant du tambour de basque. La bacchanale désigne que dans ce mois les vignerons se réjouissent et se délassent de leurs travaux en goûtant les nouveaux fruits de la vendange. Le scorpion, que l'on voit dans la bordure, fait allusion à la malignité des maladies causées par les vents humides, chargés de vapeurs dangereuses, qui se font sentir alors.

TROISIÈME TABLEAU : *le Sagittaire (Novembre)*. — Le centaure Nessus enlève Déjanire, femme d'Hercule, et traverse le fleuve Évène. Le centaure, armé de flèches, indique que ce mois, où la terre est couverte de frimas, est favorable à la chasse.

QUATRIÈME TABLEAU : *le Capricorne (Décembre)*. — La nymphe Adrastéa trait la chèvre Amalthée, pour donner du lait à Jupiter enfant. On le voit près d'elle; il tient une coupe. La chèvre semble faire allusion au soleil qui, dans ce mois, paraît toujours monter, ainsi que la chèvre sauvage qui se plaît à gravir les rochers escarpés.

CINQUIÈME TABLEAU : *le Verseau (Janvier)*. — Un jeune homme, du milieu des nuages, verse sur la terre des torrents d'eau; il désigne la saison des pluies.

SIXIÈME TABLEAU : *les Poissons (Février)*. — Vénus Anadyomène et l'Amour armé de son arc, portés par des dauphins, se promènent sur les eaux que les vents agitent avec violence. Vénus et son fils sont occupés à retenir les légères draperies qui les couvrent. L'agitation de la mer et les poissons indiquent que ce mois est celui des grands vents et de la pêche.

SEPTIÈME TABLEAU : *le Bélier (Mars)*. — Mois où les arbres et les plantes bourgeonnent. — Mars, armé de pied en cap, tenant d'une main son épée, de l'autre secouant le flambeau de la guerre, descend du haut des rochers; un berger est près de lui qui joue de la cithare; un bélier le suit. Mars indique que ce mois est celui où les armées se mettent en campagne; le berger et le bélier, que le retour du printemps fait sortir les troupeaux des bergeries.

HUITIÈME TABLEAU : *le Taureau (Avril)*. — Jupiter sous la forme d'un taureau, la tête couronnée de fleurs, enlève la nymphe Europe. Le taureau marque la force que le soleil acquiert dans ce mois, et dont la chaleur fait fleurir les arbres et les plantes; premières espérances que donnent les travaux rustiques, dont le taureau est le symbole.

Neuvième tableau: *les Gémeaux (Mai)*. — Deux enfants conduisent un char; Vénus y est debout; son voile flotte au gré des zéphirs; l'Amour, tenant une flèche, s'appuie sur sa mère; un des enfants attelés au char répand sur la terre des fleurs, charmes de cette belle saison. L'Amour et Vénus indiquent que, dans cette saison, toute la nature leur est soumise; les deux enfants représentent Castor et Pollux qui, suivant la fable, furent changés en la constellation dite *les Gémeaux*. Lorsque le soleil entre dans ce signe, la chaleur redouble, les jours augmentent et l'herbe des prairies prend tout son accroissement.

Dixième tableau: *l'Écrevisse (Juin)*. — Phaéton, à qui le dieu du jour avait confié son char, s'étant trop approché de la terre, la brûlait et y causait de terribles ravages; Jupiter, pour y mettre fin, le foudroya et le précipita dans l'Éridan. On le voit ici au moment de sa chute. Parvenu au plus haut point de sa course, le soleil entre dans le signe de l'Écrevisse, et semble comme elle aller à reculons. Dans ce mois, les moissons mûries commencent à se faire.

Onzième tableau: *le Lion (Juillet)*. — Hercule, vainqueur du lion de Némée, dont il porte la dépouille, se repose sur sa massue, il tient dans sa main les pommes du jardin des Hespérides, dont il a fait la conquête; près de lui est un jeune homme assis qui tient une gerbe de blé. Le lion et la force sont l'emblème de la chaleur. Chez les anciens, le lion, habitant les climats brûlants, était consacré à Vulcain, dieu du feu. Le jeune homme tenant une gerbe de blé indique que les moissons sont achevées.

Douzième tableau: *la Vierge (Août)*. — Cérès, la tête couronnée d'épis, tenant d'une main une faucille et de l'autre une gerbe de blé, est assise sur son char traîné par des serpents; le jeune Triptolème, inventeur de la charrue, est à ses côtés; il tient le flambeau dont Cérès s'éclairait pendant la nuit pour chercher Proserpine, sa fille, que Pluton lui avait enlevée. Cérès, déesse des moissons, bienfaitrice de la terre, après y avoir répandu tous ses dons et avoir ainsi rempli le cercle de l'année, remonte vers l'Olympe.

xxiv DÉCORATION.

Les ornements qui décorent le plafond ont été exécutés d'après les dessins de M. de Gisors, architecte du Palais du Luxembourg, mort en 1866.

SALLES

SITUÉES A L'EXTRÉMITÉ DE LA TERRASSE.

Ces salles furent construites sur une partie de l'emplacement de l'ancienne galerie de Rubens. Elles furent ensuite occupées par la collection des ports de France de Joseph Vernet et de Hue.

PLAFOND.

Ce tableau, peint de 1800 à 1804 par Jean-Simon Berthélemy, né à Laon en 1743, grand prix de Rome en 1767, membre de l'Académie royale de peinture en 1781, et mort à Paris le 1er mars 1811, représente :

Le Génie victorieux de la France, appuyé sur un faisceau, symbole de la force et de l'union, révélant à Clio, muse de l'histoire, la gloire des Français et le retour de l'ordre. Il tient dans une main, qu'il élève, la figure de la Victoire, et de l'autre une branche d'olivier.

A la clarté de son flambeau, la Philosophie, assise sur un nuage, accompagnée de la Justice et de la Félicité publique, pose sur sa tête, d'un air de satisfaction, le cercle de l'immortalité. Tandis que Clio grave sur un bouclier de bronze les hauts faits des Français, qu'Euterpe les chante en s'accompagnant de sa lyre, que Caliope célèbre par ses vers héroïques les vertus et le courage des citoyens qui ont illustré la patrie, la Renommée, planant dans les airs, les publie à l'univers. Auprès de l'Histoire on remarque les bustes de J. Vernet et de J.-J. Rousseau.— Cette peinture est signée : *Berthélemy, an VIII et an XII.*

Dans la voussure de ce plafond, décoré d'après les dessins de Chalgrin, alors architecte du Sénat, sont quatre bas-reliefs dont Berthélemy donna les sujets. Ils ont été peints par Pierre-François Lesueur, né à Paris en 1757.

Le premier représente l'Agriculture :

Cincinnatus est occupé à labourer son champ au moment où le député du Sénat de Rome lui annonce sa nomination au consulat.

Le deuxième, l'Instruction publique :

Socrate, Platon et les autres philosophes d'Athènes expliquent à leurs disciples les éléments des sciences.

Le troisième, le Fruit des victoires :

Marcellus, général des Romains, après s'être rendu maître de Syracuse, fait enlever de cette ville les monuments des sciences et des arts pour les faire servir à l'instruction et à la gloire de sa patrie.

Le quatrième, le Commerce et l'Industrie :

Neptune et Minerve, suivis de l'Abondance, déposent sur un autel l'olivier de la paix, et Mercure encourage et fait fleurir le commerce en fournissant aux citoyens laborieux les matières qu'ils mettent en œuvre sous les yeux de la déesse de l'industrie.

EXPLICATION DES ABRÉVIATIONS

EMPLOYÉES DANS CETTE NOTICE.

H. — Hauteur.
L. — Largeur.
Fig. — Figure.
Gr. nat. — Grandeur naturelle.
Demi-nat. — Demi-nature.
Pet. nat. — Petite nature.
Plus gr. que nat. — Plus grande que nature.

Nota. Presque tous les tableaux étant peints sur toile, on n'a désigné la matière que dans le cas où les peintures seraient exécutées sur bois.

MUSÉE DU LUXEMBOURG.

PEINTURE.

ACHARD (Jean-Alexis), *né à Voreppe (Isère).*

1. La cascade du ravin de Cernay-la-Ville.

   H. 0,82. — L. 1,00.

   (Salon de 1866.)

ACHENBACH (Oswald), *né à Dusseldorff (Prusse), élève de M. André Achenbach; chevalier de la Légion d'honneur en* 1863.

2. Une fête à Genazzano (États Romains).

   H. 1,37. — L. 1,11. — Fig. de 0,20.

   (Salon de 1865.)

AMAURY-DUVAL (Eugène-Emmanuel), *né à Paris, élève d'Ingres; chevalier de la Légion d'honneur en* 1845, *officier en* 1865.

3. Étude d'enfant.

   H. 1,28. — L. 0,85. — Fig. gr. nat.

   (Salon de 1864.)

PEINTURE.

ANASTASI (Auguste), *né à Paris, élève de P. Delaroche et de Corot; chevalier de la Légion d'honneur en* 1868.

4. Terrasse de la Villa Pamphili (Rome); au fond le dôme de Saint-Pierre.

H. 0,52. — L. 1,00.

(Salon de 1864.)

ANTIGNA (Jean-Pierre-Alexandre), *né à Orléans (Loiret), en* 1817, *élève de P. Delaroche; chevalier de la Légion d'honneur en* 1861 ; *mort en février* 1878.

5. Scène d'incendie.

H. 2,62. — L. 2,82. — Fig. gr. nat.

(Salon de 1850.)

APPIAN (Adolphe), *né à Lyon, élève de MM. Corot et Daubigny.*

6. Environs de Monaco.

H. 0,71. — L. 1,30.

(Salon de 1873.)

BARON (Henri-Charles-Antoine), *né à Besançon (Doubs), élève de M. Gigoux; chevalier de la Légion d'honneur en* 1859.

7. Les vendanges en Romagne.

H. 0,56. — L. 0,66. — Fig. de 0,20.

(Salon de 1855.)

BARRIAS (Félix-Joseph), *né à Paris, élève de M. L. Cogniet; grand prix de Rome (Histoire) en* 1844, *chevalier de la Légion d'honneur en* 1859.

8. Les exilés de Tibère.

Tibère, retiré à Caprée, se livrait à toutes sortes de turpitudes. Il ne se passait pas un seul jour, sans en excepter les jours de fêtes, qui ne fût marqué par des supplices. Il enveloppait dans la même condamnation les femmes et les

PEINTURE. 3

enfants des accusés. On les transportait dans des îles où le feu et l'eau leur étaient interdits. (SUÉTONE, Vie des Césars)

H. 5,56. — L. 4,10. — Fig. gr. nat.

(Salon de 1859.)

BAUDRY (PAUL-JACQUES-AIMÉ), *né à Napoléon-Vendée (Vendée), élève de Sartoris et de Drolling; grand prix de Rome (Histoire) en 1850, chevalier de la Légion d'honneur en 1861, officier en 1869, commandeur en 1875, membre de l'Institut en 1870.*

9. La Fortune et le jeune Enfant.

....
La Fortune passa, l'éveilla doucement,
Lui disant : mon mignon, je vous sauve la vie;
Soyez une autre fois plus sage, je vous prie.
(LA FONTAINE.)

H. 1,94. — L. 1,48. — Fig. gr. nat.

(Salon de 1857.)

BEAUMONT (CHARLES-ÉDOUARD DE), *né à Lannion (Côtes-du-Nord,) élève de Boisselier; chevalier de la Légion d'honneur en 1877.*

10. La part du capitaine.

H. 0,61. — L. 0,96. — Fig. 0,35.

(Salon de 1868.)

BELLANGER (CAMILLE-FÉLIX), *né à Paris, élève de MM. Cabanel et Bouguereau.*

11. Abel.

H. 1,00. — L. 2,17. — Fig. gr. nat.

(Salon de 1875.)

BELLEL (JEAN-JOSEPH), *né à Paris, élève de M. Justin Ouvrié; chevalier de la Légion d'honneur en 1860.*

12. Solitude; paysage composé.

H. 1,04. — L. 1,50.

(Salon de 1863.)

BELLY (Léon-Auguste-Adolphe), *né à Saint-Omer (Pas-de-Calais), en 1827, élève de Troyon; chevalier de la Légion d'honneur en 1862; mort en mars 1877.*

13. Pèlerins allant à la Mecque.

H. 1,60. — L. 2,40. — Fig. de 0,40.

(Salon de 1861.)

14. Le Gué de Montauban, en Sologne.

H. 1,50. — L. 2,00.

Donné par Mme veuve Belly.

(Salon de 1877.)

BENOUVILLE (Jean-Achille), *né à Paris, élève de Picot; grand prix de Rome (Paysage) en 1845, chevalier de la Légion d'honneur en 1863.*

15. Le Colisée vu du Palatin.

H. 0,78. — L. 1,26.

(Salon de 1870.)

16. Château de Lugagnan, dans la vallée d'Argelès (Hautes-Pyrénées).

H. 1,41. — L. 2,11.

(Salon de 1873.)

BERCHÈRE (Narcisse), *né à Étampes (Seine-et-Oise), élève de Renoux et de Remond; chevalier de la Légion d'honneur en 1870.*

17. Crépuscule (Nubie Inférieure).

H. 1,00. — L. 1,43.

(Salon de 1864.)

BERNIER (Camille), *né à Colmar (Alsace), élève de M. L. Fleury, chevalier de la Légion d'honneur en 1872.*

18. Janvier (Bretagne).

H. 1,04. — L. 1,74.

(Salon de 1872.)

BERTIN (François-Édouard), *né à Paris en 1797, chevalier de la Légion d'honneur en 1833, mort en 1871.*

19. Vue d'un ermitage dans une ancienne excavation étrusque, près de Viterbe.

H. 1,25. — L. 1,72. — Fig. de 0,30.

BERTRAND (James), *né à Lyon, élève de M. Périn, chevalier de la Légion d'honneur en 1876.*

20. Mort de Virginie.

H. 0,84. — L. 1,86. — Fig. gr. nat.

(Salon de 1869.)

BIARD (François), *né à Lyon (Rhône), élève de Revoil, chevalier de la Légion d'honneur en 1838.*

21. Du Couëdic recevant les adieux de son équipage.

Dans la journée du 7 octobre 1779, un engagement eut lieu entre la frégate française la *Surveillante* et la frégate anglaise le *Québec*. Le combat dura quatorze heures, et fut des plus meurtriers. Du Couëdic, déjà blessé deux fois, se disposait à l'abordage, quand une troisième blessure le renversa. Quelques moments après, le *Québec* prit feu et sauta, couvrant de ses débris enflammés le pont de la *Surveillante*, et l'on parvint avec peine à sauver quelques Anglais.

Démâtée de ses trois mâts, la frégate française fut remorquée dans la baie de Camaret. La nouvelle de son arrivée étant parvenue à Brest, MM d'Orvilliers et Duchaffaut se rendirent à bord pour honorer le vaillant officier qui avait si glorieusement défendu son pavillon. Ils firent remorquer à Brest le bâtiment, et donnèrent ordre qu'on transportât Du Couëdic à terre.

Au moment où il parut sur le pont de la frégate qu'il ne devait plus revoir, les officiers et matelots lui exprimèrent leur reconnaissance pour la gloire qu'il leur avait acquise.

Du Couëdic mourut des suites de ses blessures le 7 janvier 1780. (Extrait de la *Biographie des marins célèbres*).

H. 1,28. — L. 1,64. — Fig. 0,50.

(Salon de 1841.)

BILLET (Pierre), *né à Cantin (Nord), élève de M. J. Breton.*

22. L'heure de la Marée; côte de Normandie.

H. 1,22. — L. 1,69. — Fig. de 0,58.

(Salon de 1872.)

BLANC (Paul-Joseph), *né à Montmartre (Paris), grand prix de Rome (Histoire) en 1867; chevalier de la Légion d'honneur en 1878.*

23. Persée.

H. 3,02. — L. 1,74. — Fig. gr. nat.

(Salon de 1870.)

BLANCHARD (Édouard-Théophile), *élève de M. Cabanel, grand prix de Rome (Histoire) en 1868.*

24. Hylas entraîné par les nymphes.

H. 2,27. — L. 3,67. — Fig. gr. nat.

(Salon de 1874.)

BODMER (Karl), *né à Zurich (Suisse); chevalier de la Légion d'honneur en 1876.*

25. Intérieur de forêt pendant l'hiver.

H. 0,82. — L. 1,01.

(Salon de 1850.)

BONHEUR (Mlle Rosa), *née à Bordeaux (Gironde), élève de son père, Raymond Bonheur; décorée de la Légion d'honneur en 1865.*

26. Labourage nivernais; le sombrage.

H. 1,32. — L. 2,60. — Fig. de 0,27.

(Salon de 1849.)

BOUGUEREAU (Adolphe-William), *né à la Rochelle (Charente-Inférieure), élève de Picot; grand prix de Rome (Histoire) en 1850, chevalier de la Légion d'honneur en 1859, officier en 1876, membre de l'Institut en 1876.*

27. Triomphe du Martyr.

..... Le corps de sainte Cécile apporté dans les Catacombes.

H. 3,44. — L. 4,28. — Fig. gr. nat.

(Salon de 1855.)

28. Philomèle et Progné.

H. 1,60. — L. 1,20. — Ovale ; fig. gr. nat.

(Peint en 1861.)

29. Vierge consolatrice.

H. 2,06. — L. 1,50.

(Salon de 1877.)

BRÉMOND (Jean-François), *né à Paris en 1807, élève d'Ingres et de Couder; mort à Paris, le 2 mars 1868.*

30. Portrait de la fille de l'artiste.

H. 0,84. — L. 0,62. — Gr. nat.

Donné par Mme Besnard en 1868.

BRENDEL (Albert), *né à Berlin (Prusse) en 1827, mort en 1878.*

31. Bergerie à Barbison.

H. 1,15. — L. 1,47.

(Salon de 1863.)

BREST (Fabius), *né à Marseille (Bouches-du-Rhône), élève de Loubon.*

32. Les bords du Bosphore, à Bebec (Turquie d'Europe).

H. 1,02. — L. 1,96.

(Salon de 1863.)

BRETON (Émile-Adélard), *né à Courrières (Pas-de-Calais); Chevalier de la Légion d'honneur en 1878.*

33. Un soir d'hiver.

    H. 1,12. — L. 1,70.

                                (Salon de 1872.)

BRETON (Jules-Adolphe), *né à Courrières (Pas-de-Calais), élève de F. Devigne et de Drolling; chevalier de la Légion d'honneur en 1861, officier en 1867.*

34. La bénédiction des blés (Artois).

    H. 1,28. — L. 3,18. — Fig. de 0,46.

                                (Salon de 1857.)

35. Le rappel des glaneuses (Artois).

    H. 0,90. — L. 1,76. — Fig. 0,50.

                                (Salon de 1859.)

36. Le soir.

    H. 0,69. — L. 1,17. — Fig. demi-nat.

                                (Salon de 1861.)

37. La Glaneuse.

    H. 2,30. — L. 1,25. — Fig. gr. nat.

                                (Salon de 1877.)

BRION (Gustave), *né à Rhothau (Vosges), en 1824, élève de Gabriel Guérin; chevalier de la Légion d'honneur en 1863, mort en novembre 1877.*

38. Les pèlerins de Sainte-Odile (Alsace).

    H. 1,30. — L. 2,00. — Fig. 0,55.

                                (Salon de 1863.)

39. La fin du Déluge.

    ..... La colombe revint auprès de lui vers le soir; voilà qu'une feuille arrachée d'un olivier était dans son bec; alors Noé comprit que les eaux avaient diminué sur la terre.

                                (Genèse, ch. VIII, v. 11.)

    H. 0,90. — L. 1,60. — Fig. de 0,25.

                                (Salon de 1864.)

BUSSON (Charles), *né à Montoire (Loir-et-Cher), élève de MM. Rémond et Français ; chevalier de la Légion d'honneur en 1866.*

40. Chasse au marais, dans le Berry.

H. 1,05. — L. 1,42.

(Salon de 1865.)

41. Anciens fossés du château de Lavardin, près Montoire.

H. 2,12. — L. 1,60.

(Salon de 1874.)

BUTIN (Ulysse-Louis-Auguste), *né à Saint-Quentin (Aisne), élève de Picot et de Pils.*

42. Enterrement d'un marin, à Villerville (Calvados).

H. 1,30 — L. 2,28. — Fig. 0,63.

(Salon de 1878.)

CABANEL (Alexandre), *né à Montpellier (Hérault), élève de Picot, grand prix de Rome (Histoire) en 1845, chevalier de la Légion d'honneur en 1855, officier en 1864, membre de l'Institut en 1863.*

43. Glorification de saint Louis.

Sous la protection de la couronne du Christ, le roi saint Louis accueille les gloires et les misères de son peuple.

Auprès des degrés du trône sont placés les personnages distingués qui ont contribué à l'accomplissement de l'œuvre du saint roi : le sire de Joinville, Philippe de Beaumanoir, Pierre Fontaine, saint Thomas d'Aquin, Guillaume d'Auvergne, évêque de Paris, Geoffroi de Beaulieu, Robert de Sorbonne, le sire de Nesle, Étienne Boileau, l'auteur du *Livre des Métiers*, et enfin l'un des chevaliers aveugles pour lesquels furent fondés les Quinze-Vingts.

H. 4,48. — L. 4,32. — Fig. gr. nat.

(Salon de 1855.)

44. Mort de Francesca de Rimini et de Paolo Malatesta.

H. 1,80. — L. 2,54 — Fig. gr. nat.

(Salon de 1870.)

45. Thamar.

> ...... Alors Thamar, ayant déchiré sa robe, s'en alla tenant sa tête couverte des deux mains, dans la maison de son frère Absalon, où elle demeura séchant d'ennui et de douleur. — Absalon conçut contre Amnon une grande haine de ce qu'il avait outragé sa sœur Thamar.
>
> (Anc. Testament. *Les Rois*, liv. II. ch. XIII, v. 19,20.)

H. 1,82. — L. 2,47. — Fig. gr. nat.

(Salon de 1875.)

CABAT (Louis), *né à Paris, élève de Cam. Flers ; chevalier de la Légion d'honneur en 1843, officier en 1855, membre de l'Institut en 1867, directeur de l'Académie de France à Rome en 1879.*

46. L'étang de Ville-d'Avray.

H. 0,73. — L. 1,13.

(Salon de 1834.)

47. Un soir d'automne.

H. 0,70. — L. 1,25.

(Salon de 1852.)

CHAPLIN (Charles), *né aux Andelys (Eure), de parents étrangers, élève de Drolling ; chevalier de la Légion d'honneur en 1865, officier en 1877.*

48. Les bulles de savon.

H. 1,15. — L. 0,90. — Demi-figure, gr. nat.

(Salon de 1864.)

CHARDIN (Paul-Louis-Léger), *né à Paris, élève de Dauzats et de M. J. Ouvrié.*

49. Une chapelle de pêcheurs, près Plouha (Côtes-du-Nord).

H. 1,02. — L. 1,40. — Fig. 0,37.

(Salon de 1874.)

CHAVET (Victor), *né à Aix (Bouches-du-Rhône), élève de P. Revoil et de C. Roqueplan; chevalier de la Légion d'honneur en* 1859.

50. La Dormeuse.

H. 0,36. — L. 0,26. — Fig. de 0,36.

(Salon de 1859.)

CHENAVARD (Paul). *né à Lyon (Rhône), élève d'Hersent; chevalier de la Legion d'honneur en* 1853.

51. Divina tragedia.

Vers la fin des religions antiques, et à l'avénement dans le Ciel de la Trinité Chrétienne, la Mort, aidée de l'ange de la Justice et de l'Esprit, frappe les Dieux qui doivent périr.

Au centre : le Dieu nouveau expire, les bras en croix, sur le sein du Père, dont la tête se voile dans les nuages. Au-dessus, dans le ciel séraphique, les Bienheureux se retrouvent et s'embrassent. Quelques Chérubins ailés ont les traits de la Mort, parce que celle-ci est partout.

En arrière du groupe central, apparaissent d'un côté Adam et Ève, de l'autre la Vierge et l'Enfant, figurant la Chute et la Rédemption. Plus bas, sous l'arc-en-ciel qui sert de siége au Père, d'un côté Satan lutte contre l'Ange, de l'autre le Vautour dévore Prométhée enchaîné.

Au bas : la vieille Maïa, l'Indienne, pleure sur le corps de Jupiter-Ammon et d'Isis-Cybèle à tête de vache et aux nombreuses mamelles, qui sont morts en se donnant la main et qui furent ses contemporains.

A gauche : Minerve, accompagnée du serpent qui lui fut consacré, s'arme de la tête de Méduse dont le sang a donné naissance à Pégase que monte Hercule, emblème populaire de la force poétique de l'antiquité. Le demi-dieu s'étonne devant la force morale d'un Dieu nouveau. Diane-Hecate lance ses dernières flèches contre le Christ. En arrière : Apollon écorche Marsyas, figurant, à ce qu'il semble, le triomphe de l'intelligence sur la bestialité. Au fond, dans l'ombre : Odin s'avance appuyé sur une branche de frêne, écoutant les deux corneilles qui lui disent l'une le présent, l'autre l'avenir. Il est suivi du loup Fenris toujours furieux. Près d'Odin, son fils Hemdall souffle dans son cor pour appeler les autres dieux du Nord. — Au-dessus : Les Parques sous l'astre changeant, et plus haut l'éternelle Androgyne, symbole de l'harmonie des deux natures ou principes contraires, coiffée du bonnet phrygien, et assise sur sa chimère.

A droite : Thor, armé de son lourd marteau, de son gantelet et du bouclier qui double ses forces, combat le monstre Jormoungardour; lutte qui ne doit finir qu'avec le monde, puisqu'elle symbolise celle du bien et du mal. Bacchus et l'Amour forment une triade avec Vénus qu'ils transportent endormie. — En arrière, Mercure emporte Pandore qui s'est évanouie en ouvrant la boîte fatale. — Au-dessus : la Mort, l'Ange et l'Esprit précipitent dans l'abîme Typhon d'Égypte à la tête de chien, le noir Démiurge, persan au corps de lion, ainsi que les planètes ailées et les astres enflammés.

Dans l'angle inférieur, à droite, un spectateur placé sur un segment de la terre, en avant de la ville de Rome, indique le lieu de la vision.

H. 4,00. — L. 5,50. — Fig. gr. nat.

(Salon de 1869.)

CHENU (Augustin Fleury-), *né à Briançon (Hautes-Alpes) en 1833, élève de l'école des Beaux-Arts de Lyon, mort en 1875.*

52. Les traînards; effet de neige.

H. 1,06. — L. 1,52. — Fig. 0,20.

(Salon de 1870.)

CHINTREUIL (Antoine), *né à Pont-de-Vaux (Ain) en 1817, élève de Corot; chevalier de la Légion d'honneur en 1870, mort en 1873.*

53. L'Espace.

H. 1,03. — L. 2,03.

(Salon de 1869.)

54. Le bosquet aux chevreuils.

H. 0,52. — L. 0,68.

(Salon de 1874.)

CIBOT (Édouard), *né à Paris, en 1799, élève de Guérin et de Picot; chevalier de la Légion d'honneur en 1863, mort en 1877.*

55. Le gouffre, près Seine-Port (Seine-et-Marne).

H. 0,65. — L. 1,02.

(Salon de 1864.)

COIGNARD (Louis), *né à Mayenne (Mayenne), élève de Picot.*

56. Le repos du matin près d'une rivière.

H. 0,90. — L. 1,52.

(Salon de 1852.)

COMTE (Pierre-Charles), *né à Lyon (Rhône), élève de P. Delaroche, d'H. Vernet, et de M. Robert-Fleury ; chevalier de la Légion d'honneur en 1857.*

57. Henri III et le duc de Guise.

..... Ils se rencontrent au pied du grand escalier du château de Blois, avant d'aller communier ensemble à l'église Saint-Sauveur, le 22 décembre 1588, veille du jour où le duc de Guise fut assassiné.

H. 1,28. — L. 1,95. — Fig. 0,60.

(Salon de 1855.)

COROT (Jean-Baptiste-Camille), *né à Paris en 1796, élève de Berlin ; chevalier de la Légion d'honneur en 1846, officier en 1867, mort le 23 février 1875.*

58. Paysage ; une matinée.

H. 0,97. — L. 1,32. — Fig. de 0,12.

(Salon de 1851.)

59. Vue du Forum Romain.

H. 0,28. — L. 0,50.

Légué par l'auteur en 1875.

60. Vue du Colysée, à Rome.

H. 0,28. — L. 0,48.

Légué par l'auteur en 1875.

COUBERTIN (Charles de), *né à Paris, élève de Picot, chevalier de la Légion d'honneur en 1865.*

61. Le Vendredi-Saint à Palerme (Sicile).

Un Christ en cire, couché sous une vitrine dont chaque

angle montre un petit ange tenant un des instruments de la passion, est porté en procession chaque année le soir du vendredi-saint.

H. 1,10. — L. 1,40 — Fig. 0,35.

(Salon de 1861.)

COURBET (Gustave) *né à Ornans (Doubs) en* 1819, *mort en décembre* 1877.

62. La vague.

H. 1,15. — L. 1,60.

(Salon de 1870.)

COURTAT (Louis), *né à Paris, élève de M. Cabanel.*

63. Léda.

H. 1,15 — L. 2,06. — Fig. gr. nat.

(Salon de 1875.)

COURTOIS (Gustave), *né à Pusey (Haute-Saône), élève de M. Gérôme.*

64. Narcisse.

H. 0,80. — L. 1,50. — Fig. gr. nat.

(Salon de 1877.)

COUTURE (Thomas), *né à Senlis (Oise), élève de Gros et de P. Delaroche; chevalier de la Légion d'honneur en* 1848.

65. Les Romains de la décadence.

« .... Sævior armis,
« Luxuria incubuit, victumque ulciscitur orbem. »

(Juvénal, satire VI.)

« .... Plus cruel que la guerre, le vice s'est abattu sur Rome, et venge l'univers vaincu. »

H. 4,66. — L. 7,73. — Fig. gr. nat.

(Salon de 1847.)

CURZON (Paul-Alfred de), *né à Poitiers (Vienne), élève de Drolling et de M. Cabat; chevalier de la Légion d'honneur en 1865.*

66. Psyché.

> Elle revient des enfers rapportant à Vénus la boîte que lui a donnée Proserpine.
>
> H. 1,59. — L. 0,96.— Fig. pet. nat.
> (Salon de 1859.)

67. Dominicains ornant de peintures leur chapelle.

> H. 0,70. — L. 1,00. — Fig. de 0,22.
> (Salon de 1867.)

68. Vue prise à Ostie pendant la crue du Tibre (États romains).

> H. 0,70. — L. 1,00.
> (Salon de 1868.)

DAUBAN (Jules-Joseph), *né à Paris, élève de A. de Bay; chevalier de la Légion d'honneur en 1868.*

69. Réception d'un étranger chez les trappistes.

> H. 1,28. — L. 1,62. — Fig. de 0,70.
> (Salon de 1864.)

DAUBIGNY (Charles-François), *né à Paris en 1817, élève de son père et de P. Delaroche; chevalier de la Légion d'honneur en 1859, officier en 1874, mort en 1878.*

70. Écluse dans la vallée d'Optevoz (Isère).

> H. 0,90. — L. 1,60.
> (Salon de 1855.)

71. Le Printemps.

> H. 0,97. — L. 1,93.
> (Salon de 1857.)

72. Les Vendanges.

H. 1,70. — L. 2,95. — Fig. de 0,34.

(Salon de 1863.)

DEHODENCQ (Alfred), *né à Paris, élève de M. L. Cogniet; chevalier de la Légion d'honneur en 1870.*

73. Course de taureaux en Espagne.

H. 1,17. — L. 2,08. — Fig. de 0,45.

(Salon de 1850.)

DELAUNAY (Jules-Élie), *né à Nantes, élève de H. Flandrin et de L. Lamothe; grand prix de Rome (Histoire) en 1856, chevalier de la Légion d'honneur en 1867, officier en 1878.*

74. La communion des apôtres.

(*Évangile* selon saint Mathieu, chap. XXVI.)

H. 2,80. — L. 2,02. — Fig. gr. nat.

(Salon de 1865.)

75. Peste à Rome.

« ..... Et alors apparut visiblement un bon ange, qui ordonnait au mauvais ange armé d'un épieu, de frapper les maisons, et autant de fois qu'une maison recevait de coups, autant y avait-il de morts, etc., etc. »

(Jacques de Voragine. *Légende dorée.* Légende de Saint-Sébastien.)

H. 1,32. — L. 1,77. — Fig. 0,54.

(Salon de 1869.)

76. Mort de Nessus.

(Ovide, *Métamorphoses*, livre IX.)

H. 0,95. — L. 1,26. — Fig. de 0,45.

(Salon de 1870.)

77. Diane.

H. 1,45. — L. 0,94. — Fig. pet. nat.

(Salon de 1872.)

DESGOFFE (ALEXANDRE), *né à Paris, élève d'Ingres; chevalier de la Légion d'honneur en 1857.*

78. Les fureurs d'Oreste (paysage).

H. 1,62. — L. 2,29. — Fig. 0,38.

(Salon de 1857.)

DESGOFFE (BLAISE-ALEXANDRE), *né à Paris, élève de Hippolyte Flandrin; chevalier de la Légion d'honneur en 1878.*

79. Vase d'améthyste (XVIe siècle).

H. 0,35. — L. 0,27. — P. sur bois.

(Salon de 1859.)

80. Vase de cristal de roche du XVIe siècle; escarcelle de Henri II; émaux de Jean Limosin, etc.

Objets tirés des collections du musée du Louvre.

H. 1,25. — L. 0,95.

(Salon de 1863.)

DIAZ DE LA PENA (NARCISSE), *né à Bordeaux, en 1809, chevalier de la Légion d'honneur en 1851, mort en 1876.*

81. Les Pyrénées; étude.

H. 0,20. — L. 0,20.

82. Étude de bouleau.

H. 0,32. — L. 0,22.

83. Sous bois; étude.

H. 0,32. — L. 0,42.

84. A la Reine Blanche; étude.

H. 0,32. — L. 0,42.

Ces quatre études ont été acquises à la vente après décès de l'artiste.

DIDIER (JULES), *né à Paris, élève de MM. Léon Cogniet et Jules Laurens; grand prix de Rome (Paysage historique) en 1857.*

85. Labourage sur les ruines d'Ostie; campagne de Rome.

H. 1,10. — L. 1,70.

(Salon de 1866.)

DORÉ (Gustave-Paul), *né à Strasbourg; chevalier de la Légion d'honneur en* 1861; *officier en* 1879.

86. L'ange de Tobie.

H. 0,91. — L. 0,73. — Fig. de 0,20.

(Salon de 1865.)

DUBUFE (Louis-Édouard), *né à Paris, élève de son père et de P. Delaroche, chevalier de la Légion d'honneur en* 1853, *officier en* 1869.

87. Portrait de M. Émile Augier, de l'Académie française.

H. 1,30. — L. 1,00.

Donné par l'auteur.

(Salon de 1877.)

DURAN (Carolus), *né à Lille (Nord), élève de Souchon; chevalier de la Légion d'honneur en* 1872, *officier en* 1878.

88. La Dame au gant.

H. 2,28. — L. 1,64. — Fig. gr. nat.

(Salon de 1869.)

DUVAL LE CAMUS (Jules-Alexandre), *né à Paris en* 1814, *élève de Drolling et de Paul Delaroche; chevalier de la Légion d'honneur en* 1859, *mort en* 1878.

89. Jacques Clément.

H. 2,17. — L. 1,45. — Fig. gr. nat.

(Salon de 1861.)

DUVERGER (Théophile-Emmanuel), *né à Bordeaux.*

90. Le laboureur et ses enfants.

H. 0,52. — L. 0,70. — Fig. de 0,22. — P. sur bois.

(Salon de 1865.)

PEINTURE.

ESCALLIER (Mme ÉLÉONORE), *née à Poligny (Jura), élève de Ziegler.*

91. Les Chrysanthèmes.

H. 0,79. — L. 0,55.

(Salon de 1869.)

ETEX (ANTOINE), *né à Paris, élève de Dupaty, de Pradier et d'Ingres; chevalier de la Légion d'honneur en 1841.*

92. Eurydice; dryade, nymphe des bois.

H. 1,96. — L. 1,47. — Fig. gr. nat.

(Salon de 1853.)

FAUVELET (JEAN), *né à Bordeaux (Gironde), élève de Lacour.*

93. Ascanio, ciseleur florentin du XVIe siècle, élève et ami de Benvenuto Cellini.

H. 0,22. — L. 0,17. — Fig. 0,16. — Peint sur bois.

(Salon de 1850.)

FEYEN (EUGÈNE), *né à Bey-sur-Seille (Meurthe-et-Moselle), élève de P. Delaroche.*

94. Les Glaneuses de la mer.

H. 0,30. — L. 0,44. — Fig. de 0,07. — Peint sur bois.

(Salon de 1872.)

FEYEN-PERRIN (FRANÇOIS-NICOLAS-AUGUSTIN), *né à Bey-sur-Seille (Meurthe-et-Moselle), élève de MM. L. Cogniet et Yvon; chevalier de la Légion d'honneur en 1878.*

95. Retour de la pêche aux huîtres, par les grandes marées à Cancale (Ille-et-Vilaine).

H. 1,49. — L. 2,00. — Fig. demi-nat.

(Salon de 1874.)

PEINTURE.

FICHEL (Eugène), *né à Paris, élève de Paul Delaroche; chevalier de la Légion d'honneur en* 1870.

96. L'arrivée à l'auberge.

H. 0,33. — L. 0,41. — Fig. de 0,15. — P. sur bois.
(Salon de 1863.)

FLANDRIN (Jean-Paul), *né à Lyon (Rhône), élève d'Ingres; chevalier de la Légion d'honneur en* 1852.

97. Montagnes de la Sabine (paysage).

H. 2,00. — L. 1,52. — Fig. de 0,22.
(Salon de 1852.)

98. La solitude (paysage).

H. 0,62. — L. 0,52.

FONVILLE (Horace), *né à Lyon, élève de M. Appian.*

99. Un chemin dans les montagnes du Haut-Bugey.

H. 0,80. — L. 1,30.
(Salon de 1874.)

FRANÇAIS (François-Louis), *né à Plombières (Vosges), élève de Corot et de M. Gigoux; chevalier de la Légion d'honneur en* 1853, *officier en* 1867.

100. La fin de l'hiver.

H. 1,00. — L. 0,82.
(Salon de 1853.)

101. Orphée.

Te, dulcis conjux...
Te, veniente die, te, decedente, canebat.
(Virgile, *Géorgiques*.)

H. 1,95. — L. 1,30. — Fig. de 0,27.
(Salon de 1863.)

102. Daphnis et Chloé.

H. 1,60. — L. 2,00. — Fig. de 0,25.
(Salon de 1872.)

FROMENTIN (Eugène), *né à La Rochelle (Charente-Inférieure), en 1820, élève de M. L. Cabat; chevalier de la Légion d'honneur en 1859, officier en 1869, mort en août 1876.*

103. Courriers; pays des Ouled-Nayls, au printemps.

H. 0,86. — L. 1,47. — Fig. de 0,30.
(Salon de 1861.)

104. Chasse au faucon en Algérie; la curée.

H. 1,62. — L. 1,16. — Fig. demi-nat.
(Salon de 1863.)

105. Le campement arabe.

H. 1,02. — L. 1,42. — Fig. de 0,24.

Tableau inachevé, le dernier auquel ait travaillé l'artiste; il a été acquis à la vente après décès de Fromentin.

GAILLARD (Claude-Ferdinand), *né à Paris, élève de M. L. Cogniet, grand prix de Rome (gravure) en 1856; chevalier de la Légion d'honneur en 1876.*

106. Saint-Sébastien.

H. 1,05. — L. 0,60. — Fig. demi-nat.
(Salon de 1876.)

GALIMARD (Auguste-Nicolas), *né à Paris, élève d'Ingres et d'Aug. Hesse.*

107. L'Ode.

L'Ode, avec plus d'éclat et non moins d'énergie,
Élevant jusqu'au ciel son vol ambitieux,
Entretient dans ses vers commerce avec les dieux.
(Boileau, *Art poétique*.)

H. 0,93. — L. 0,60. — Buste gr. nat.
(Salon de 1846.)

GENDRON (Auguste), *né à Paris, élève de P. Delaroche, chevalier de la Légion d'honneur en 1855.*

108. Le jour du dimanche; scène florentine au xv° siècle.

H. 1,58. — L. 2,48. — Fig. de 0,62.
(Salon de 1855.)

GÉROME (Jean-Léon), *né à Vesoul, chevalier de la Légion d'honneur en 1855; officier en 1867, commandeur en 1878, membre de l'Institut en 1865.*

109. Un combat de coqs.

H. 1,42. — L. 2,02. — Fig. gr. nat.

(Salon de 1847.)

GERVEX (Henri), *né à Paris de parents étrangers, élève de MM. Brissel et Fromentin.*

110. Satyre jouant avec une bacchante.

H. 1,59. — L. 1,93. — Fig. gr. nat.

(Salon de 1874.)

GIACOMOTTI (Félix-Henri), *né à Quingey (Doubs) élève de Picot; grand prix de Rome (Histoire) en 1854, chevalier de la Légion d'honneur en 1867.*

111. L'enlèvement d'Amymone.

H. 2,25. — L. 1,62. — Fig. gr. nat.

(Salon de 1865.)

GIGOUX (Jean-François), *né à Besançon (Doubs), chevalier de la Légion d'honneur en 1842.*

112. Mort de Cléopâtre.

H. 1,15. — L. 1,96. — Fig. gr. nat.

(Salon de 1850.)

113. Le bon Samaritain.

(*Évangile selon saint Luc, chap. x, v. 30 à 35.*)

H. 1,28. — L. 1,87. — Fig. gr. nat.

(Salon de 1857.)

114. Portrait de Ch. Fourier, fondateur du Phalanstère.

H. 2,35. — L. 1,62. — Gr. nat.

Donné par MM. V. Considérant et Juste Muiron.

GIRAUD (Charles), *né à Paris, chevalier de la Légion d'honneur en 1847.*

115. Une salle de l'hôtel Cluny.

H. 0,60. — L. 1,10. — P. sur bois.

(Salon de 1867)

GIRAUD (Pierre-François-Eugène), *né à Paris, élève d'Hersent et de Richomme; grand prix de Rome (gravure) en 1826; chevalier de la Légion d'honneur en 1851, officier en 1866.*

116. Danse dans une posada de Grenade.

H. 1,52. — L. 2,20. — Fig. demi-nat.

(Salon de 1853.)

117. Une danseuse au Caire.

H. 2,10. — L. 1,28. — Fig. gr. nat.

(Salon de 1866.)

118. La Devisa.

Un matadore blessé à mort, et conduit à la chapelle pour y recevoir les derniers sacrements, offre à sa maîtresse la *Devisa* qu'il vient d'enlever en tuant le taureau.
La *Devisa* est un nœud de rubans piqué à l'épaule du taureau et indiquant sa provenance.

H. 1,10. — L. 1,52. — Fig. de 0,60.

(Salon de 1869.)

GIRAUD (Victor), *né à Paris, élève de Picot et de M. Eug. Giraud, son père; mort à l'âge de trente ans, en 1871.*

119. Un marchand d'esclaves.

H. 2,38. — L. 4,45. — Fig. gr. nat.

(Salon de 1867.)

GIROUX (André), *né à Paris, grand prix de Rome (paysage) en 1825; chevalier de la Légion d'honneur en 1837.*

120. Vue de la plaine de Grésivaudan, près Grenoble, prise des côtes de Sassenage; effet du matin.

H. 1,02. — L. 1,47.

(Salon de 1834.)

GLAIZE (Auguste-Barthélemy), *né à Montpellier, élève d'Achille et d'Eugène Devéria; chevalier de la Légion d'honneur en 1855.*

121. Les écueils.

H. 1,26. — L. 2,52. — Fig. de 0,60.

(Salon de 1864.)

GLAIZE (Pierre-Paul-Léon), *né à Paris, élève de son père et de M. Gérôme; chevalier de la Légion d'honneur en 1877.*

122. Une conjuration aux premiers temps de Rome.

Après la chute des Tarquins, quelques jeunes gens des meilleures familles de Rome entrèrent dans une conspiration pour ramener les rois proscrits. Pour se lier par un serment fort e terrible, les conjurés burent le sang d'un homme qu'ils avaien immolé, et ils posèrent la main sur ses entrailles. Ils s'é n réunis pour cela dans la maison des Aquilius, maison solitaire obscure. Mais ils ne s'aperçurent point qu'un esclave, nomm Vindicius, y était caché...

(Plutarque, *Vie de Publicola*.)

H. 3,24. — L. 3,76. — Fig. gr. nat.

(Salon de 1875.)

GLEYRE (Charles), *né à Chevilly, canton de Vaud (Suisse), en 1807, élève d'Hersent, mort en 1874.*

123. Le soir.

H. 1,37. — L. 2,40. — Fig. demi-nat.

(Salon de 1843.)

GUDIN (Théodore), *né à Paris, élève de Girodet; chevalier de la Légion d'honneur en 1828, officier en 1841, commandeur en 1855.*

124. Coup de vent du 7 janvier 1831 dans la rade d'Alger.

A neuf heures du matin, la frégate *la Sirène*, de 60 canons, était mouillée dans la rade d'Alger, entre les batteries du Môle et le cap Matifoux. Elle se disposait à faire voile pour la France; deux chébecks chargés de troupes, commandés par le lieutenant-colonel Carcenac, étaient remorqués vers la frégate. Tout à coup un vent violent agita la mer, un courant fortement établi entraîna à la côte les chaloupes de remorque dont les rameurs faisaient d'inutiles efforts. Cependant la fureur de la mer allait toujours croissant; le commandant de la frégate, M. Charmasson, éprouvant des craintes sérieuses pour les deux chébecks, réussit, non sans peine, à y faire parvenir de fortes amarres, à l'aide desquelles ils se hâlèrent jusque près de la frégate. La vague se soulevait avec tant de violence que plusieurs embarcations furent brisées en s'approchant de son bord. L'état de la mer devenait à chaque instant plus effrayant; l'espoir d'un prochain naufrage attirait déjà vers le fort-Matifoux des hordes de Bédouins; aucun secours ne pouvait être porté aux deux chébecks; le canon d'alarme se faisait entendre par intervalles, mais en vain; la mer refoulait vers le port tout ce qui songeait à en sortir. Dans cette conjoncture critique, on ne pouvait songer qu'à préserver l'équipage de *la Sirène* et ses passagers des dangers qui les attendaient sur la côte, et pendant trois jours et deux nuits que dura cette tourmente, le général Clausel avait fait garder toute la côte par de l'infanterie et de la cavalerie pour recueillir les naufragés. De son côté, le commandant Charmasson ne quittait pas sa dunette; continuellement il veillait sur le sort des deux chébecks, et plusieurs fois il réussit à leur faire passer des vivres. Pendant ce temps les chébecks et la frégate couraient les plus grands dangers, ils s'entrechoquaient à chaque instant; *la Sirène* chassait sur ses ancres, rompait ses câbles, brisait sa grande vergue endommagée déjà par une bourrasque éprouvée sous Mahon, perdait son gouvernail, et, sans son câble en chaîne qui tint bon jusqu'au bout, elle eût été infailliblement se perdre à la côte. Le zèle et la constance du commandant de *la Sirène*, le dévouement de tous les officiers et marins sous ses ordres, parvinrent à conjurer ce malheur. Sur la fin du troisième jour, la mer se calma, tous les passagers furent reçus à bord, et *la Sirène* mit à la voile pour Toulon, où elle arriva sur la fin de janvier, après une heureuse traversée.

H. 2,58. — L. 4,18. — Fig. de 0,40.

(Salon de 1835.)

123. Incendie du *Kent*.

Le *Kent*, vaisseau de la Compagnie des Indes, destiné pour le Bengale, ayant à son bord 532 hommes, 43 femmes et nombre d'enfants, prend feu, pendant une tempête, dans la baie de Biscaye.

Les malheureux passagers furent miraculeusement sauvés par le brick anglais *la Cambria*.

Le moment représenté est celui où l'une des embarcations reçoit les femmes et les enfants que l'état de la mer obligeait de descendre du haut de la poupe, par le moyen d'un cordage, auquel on les attachait deux à deux.

H. 2,58. — L. 4,16.

(Salon de 1827.)

GUILLAUMET (GUSTAVE), *né à Paris, élève de Picot et de M. Barrias; chevalier de la Légion d'honneur en 1878.*

126. Prière du soir dans le Saharah.

H. 1,35. — L. 2,82. — Fig. de 0,35.

(Salon de 1863.)

GUILLEMET (JEAN-BAPTISTE-ANTOINE), *né à Chantilly (Oise).*

127. Bercy, en Décembre.

H. 1,40. — L. 2,50.

(Salon de 1874.)

HAMMAN (ÉDOUARD-JEAN-CONRAD), *né à Ostende (Belgique), chevalier de la Légion d'honneur en 1864.*

128. Enfance de Charles-Quint; une lecture d'Érasme (Bruxelles 1511).

H. 0,72. — L. 0,92. — Fig. de 0,45.

(Salon de 1863.)

HANOTEAU (HECTOR), *né à Decize (Nièvre), élève de M. Gigoux; chevalier de la Légion d'honneur en 1870.*

129. La mare du village.

H. 0,85. — L. 1,30.

(Salon de 1869.)

130. Les Grenouilles.

H. 2,00. — L. 1,50.

(Salon de 1875.)

HARPIGNIES (Henri), *né à Valenciennes (Nord), élève de M. Achard; chevalier de la Légion d'honneur en* 1875

131. Le soir; souvenir de la campagne de Rome.
   H. 0,90. — L. 1,26.
   (Salon de 1866.)

132. Vallée de l'Aumance (Allier).
   H. 1,14. — L. 1,50.
   (Salon de 1875.)

133. Le Saut-du-Loup; vue prise sur l'Allier; paysage.
   H. 1,44. — L. 1,80.
   (Salon de 1873.)

HEBERT (Ernest-Antoine-Auguste), *né à Grenoble (Isère), élève de David d'Angers et de P. Delaroche, grand prix de Rome (Histoire), en* 1839, *chevalier de la Légion d'honneur en* 1853, *officier en* 1867, *commandeur en* 1874; *directeur de l'Académie de France à Rome en* 1867, *membre de l'Institut en* 1874.

134. La Malaria.
   Famille italienne fuyant la contagion (campagne de Rome).
   H. 1,35. — L. 1,93. — Fig. de 0,65.
   (Salon de 1850.)

135. Le baiser de Judas.
   H. 2,55. — L. 1,86. — Fig. gr. nat.
   (Salon de 1853.)

136. Les Cervarolles (États-Romains).
   H. 2,88. — L. 1,75. — Fig. gr. nat.
   (Salon de 1859.)

137. Portrait de Mme J. d'Attainville.
   H. 0,97. — L. 0,75. — Ovale.
   Légué par M. J. d'Attainville en 1875.

HÉBOUIN (Edmond), *né à Boulogne-sur-Mer (Pas-de-Calais) élève de M. Célestin Nanteuil; chevalier de la Légion d'honneur en 1872.*

138. Glaneuses à Chambaudoin (Loiret).

H. 1,52. — L. 2,60. — Fig. de 0,35.

(Salon de 1857.)

HEILBUTH (Ferdinand), *né à Hambourg (Allemagne), chevalier de la Légion d'honneur en 1861.*

139. Le Mont-de-Piété.

H. 1,08. — L. 1,32. — Fig. de 0,52.

(Salon de 1861.)

HENNER (Jean-Jacques), *né à Bernwiller (Alsace), élève de Drolling et de Picot; grand prix de Rome (Histoire), en 1858; chevalier de la Légion d'honneur en 1873, officier en 1878.*

140. La chaste Suzanne.

H. 1,85. — L. 1,32. — Fig. gr. nat.

(Salon de 1865.)

141. Idylle.

H. 0,74. — L. 0,61. — Fig. de 0,60.

(Salon de 1872.)

142. Le bon Samaritain.

H. 1,10. — L. 1,60. — Fig. gr. nat.

(Salon de 1874.)

143. Naïade.

H. 0,42. — L. 0,64. — Fig. de 0,60.

(Salon de 1878.)

HERPIN (Léon), *né à Granville (Manche), élève de Daubigny, de J. André et de M. Busson.*

144. Paris, vu du pont des Saints-Pères, le soir.
H. 1,95. — L. 2,95.
(Salon de 1878.)

HESSE (Alexandre-Jean-Baptiste), *né à Paris, élève de Gros; chevalier de la Légion d'honneur en 1842, officier en 1868, membre de l'Institut en 1867.*

145. Triomphe de Pisani.

« En 1379, Vittore Pisani, qui commandait la flotte vénitienne, ayant été défait par les Génois à la bataille de Pola, fut mis en prison par ordre du sénat de Venise; mais bientôt, de nouveaux désastres éprouvés par la république, et l'approche des ennemis qui vinrent bloquer la ville, amenèrent une réaction en faveur de l'illustre prisonnier. Oubliant la dernière défaite de Pisani pour ne se rappeler que ses victoires, le peuple court à sa prison, brise ses fers et le porte en triomphe en demandant à marcher sous les ordres de son ancien chef. En entendant crier de tous côtés : *Vive Pisani*, il se retourne vers le peuple et lui dit : *De vrais Vénitiens ne doivent crier que vive saint Marc!* » (Marin Sanuto, Micheli et Daru, *Histoire de Venise*.)

H. 1,70. — L. 2,52. — Fig. de 0,52.
(Salon de 1847.)

HILLEMACHER (Eugène-Ernest), *né à Paris, élève de M. Léon Cogniet; chevalier de la Légion d'honneur en 1865.*

146. Un confessional de Saint-Pierre de Rome, le jour de Pâques.
H. 0,66. — L. 1,05. — Fig. 0,30.
(Salon de 1855.)

HUMBERT (Ferdinand), *né à Paris, élève de Picot et de MM. Cabanel et Fromentin; chevalier de la Légion d'honneur en 1878.*

147. La Vierge, l'enfant Jésus et saint Jean-Baptiste.
H. 2,60. — L. 1,40. — Fig. gr. nat.
(Salon de 1874.)

ISABEY (Louis-Gabriel-Eugène), *né à Paris, élève de son père J.-B. Isabey; chevalier de la Légion d'honneur en 1832, officier en 1852.*

148. Embarquement de Ruyter et William de Witt.

H. 2,24. — L. 3,25. — Fig. de 0,18.

(Salon de 1850.)

JACQUAND (Claudius), *né à Lyon (Rhône), en 1805, élève de l'école de Lyon; chevalier de la Légion d'honneur en 1839; mort en 1878.*

149. Dernière entrevue de Charles Ier avec ses enfants.

C'étaient la princesse Élisabeth, le duc de Glocester et le duc d'York... Prenant sur ses genoux le petit duc de Glocester : « Mon enfant, lui dit-il gravement, ils vont couper la tête à ton père !... »

H. 2,12. — L. 1,55. — Fig. gr. nat.

(Salon de 1855.)

JACQUE (Charles-Émile), *né à Paris, chevalier de la Légion d'honneur en 1867.*

150. Troupeau de moutons dans un paysage.

H. 1,76. — L. 2,80.

(Salon de 1861.)

JALABERT (Charles-François), *né à Nîmes (Gard), élève de P. Delaroche; chevalier de la Légion d'honneur en 1855, officier en 1867.*

151. Virgile, Horace et Varius chez Mécène.

Virgile lit ses *Géorgiques*.

H. 2,32. — L. 2,90. — Fig. gr. nat.

(Salon de 1847.)

JEANRON (Philippe-Auguste), *né à Boulogne-sur-Mer (Pas-de-Calais) en 1810; chevalier de la Légion d'honneur en 1855; mort en 1877.*

152. Les bergers; vue du port abandonné d'Ambleteuse, près Boulogne.

H. 1,59. — L. 2,14. — Fig. de 0,21.

(Salon de 1850.)

KNAUS (Louis), *né à Wiesbaden (duché de Nassau), élève de l'académie de Dusseldorf; chevalier de la Légion d'honneur en 1859, officier en 1867.*

153. La promenade.

H. 0,97. — L. 0,75. — Fig. de 0,50.

(Salon de 1855.)

KREYDER (Alexis), *né à Andlau (Alsace), élève de MM. Laville, Zipelius et Fuchs.*

154. Offrande à Bacchus.

H. 0,98. — L. 0,77.

(Salon de 1865.)

LAFON (Jacques-Émile), *né à Périgueux (Dordogne), élève de P. Delaroche; chevalier de la Légion d'honneur en 1859.*

155. Saint Jean de Dieu, fondateur de l'ordre des hospitaliers de ce nom.

Le Christ apparaît à saint Jean de Dieu sous la figure d'un pauvre, et lui dit, après avoir été l'objet de ses soins : « ce que tu as fait à ce pauvre, c'est à moi que tu l'as fait. »

H. 1,48 — L. 1,70. — Fig. gr. nat. P. sur bois.

(Salon de 1865.)

156. Jésus au milieu des docteurs.

H. 0,65. — L. 1,12 — Fig. 0,32. — P. sur bois.

(Salon de 1867.)

LAMBINET (ÉMILE), *né à Versailles (Seine-et-Oise) en 1815, élève de Drolling et d'Horace Vernet; chevalier de la Légion d'honneur en 1867; mort en 1877.*

157. Paysage.

H. 0,94. — L. 1,50.

(Salon de 1855.)

LANDELLE (CHARLES), *né à Laval (Mayenne), élève de P. Delaroche; chevalier de la Légion d'honneur, en 1855.*

158. Le pressentiment de la Vierge.

H. 1,43. — L. 1,18. — Fig. gr. nat. — P. sur bois.

(Salon de 1859.)

LANOUE (FÉLIX-HIPPOLYTE), *né à Versailles (Seine-et-Oise) en 1812, élève de V. Bertin et d'Horace Vernet; grand prix de Rome (Paysage) en 1841; chevalier de la Légion d'honneur en 1864, mort en 1872.*

159. Vue de la forêt de pins du Gombo, cascines de Pise.

H. 0,75. — L. 1,50.

(Salon de 1861.)

160. Vue du Tibre, prise de l'Aqua-Acetosa; campagne de Rome.

H. 0,75. — L. 1,50.

(Salon de 1864.)

LANSYER (EMMANUEL), *né à l'île Bouin (Vendée), élève de MM. Viollet-Leduc, Courbet et Harpignies.*

161. Paysage : le château de Pierrefonds.

H. 1,30. — L. 1,95.

(Salon de 1869.)

162. La lande de Kerlouarneck (Finistère).

H. 1,36. — L. 2,00.

(Salon de 1874.)

LAPITO (Louis-Auguste), *né à Saint-Maur, près Paris, en* 1803; *élève de Heim et Watelet; chevalier de la Légion d'honneur en* 1836; *mort en* 1874.

163. Vue prise dans la forêt de Fontainebleau, lieu dit les *Quatre-Fils-Aymon*.

H. 1,07. — L. 1,62.

(Salon de 1846.)

LAPOSTOLET (Charles), *né à Velars (Côte-d'Or), élève de M. L. Cogniet.*

164. Vue du canal Saint-Martin, à Paris, pendant l'hiver, prise du pont de la rue des Buttes-Chaumont.

H. 1,00. — L. 1,56.

(Salon de 1870.)

LARIVIÈRE (Charles-Philippe), *né à Paris en* 1798; *élève de Girodet et de Gros, grand prix de Rome (Histoire) en* 1824; *chevalier de la Légion d'honneur en* 1836; *mort en* 1876.

165. Peste à Rome, sous le pape Nicolas V.

H. 4,60. — L. 3,78. — Fig. plus gr. que nat.

(Salon de 1831.)

LAUGÉE (Désiré-François), *né à Maromme (Seine-Inférieure), élève de Picot; chevalier de la Légion d'honneur en* 1865.

166. Le cierge à la madone.

H. 1,48. — L. 1,94. — Fig. pet. nat.

(Salon de 1877.)

LAURENS (Jean-Paul), *né à Fourquevaux (Haute-Garonne), élève de MM. Bida et L. Cogniet ; chevalier de la Légion d'honneur en 1874; officier en 1878.*

167. L'Excommunication de Robert le Pieux.

> Le roi de France Robert épousa sa parente; les époux furent excommuniés pour ce crime par les évêques.
>
> (F. Damien.)

H. 1,47. — L. 2,16. — Fig. de 0,80.

(Salon de 1875.)

LA VILLETTE (Madame Élodie), *née à Strasbourg, élève de M. Corroller.*

168. La grève de Lohic et l'Ile des Souris, près de Lorient. La mer étale.

H. 1,30. — L. 2,50.

(Salon de 1876.)

LAZERGES (Jean-Raymond-Hippolyte), *né à Narbonne (Aude), élève de Bouchot; chevalier de la Légion d'honneur en 1867.*

169. Descente de croix.

H. 1,38. — L. 0,98. — Fig. 0,68.

(Salon de 1855.)

LEBEL (Edmond), *né à Amiens, élève de M. L. Cogniet.*

170. Un Vœu : San-Germano (Italie).

H. 0,94 — L. 0,76. — Fig. de 0,29.

(Salon de 1872.)

LECOINTE (Charles-Joseph), *né à Paris, élève de Picot et d'Aligny; grand prix de Rome (Paysage) en 1849.*

171. Le Figuier maudit (paysage).

(*Évang.* selon S. **Mathieu**.)

H. 2,10. — L. 1,64.

(Salon de 1855.)

LECOMTE DU NOUY (Jules-Jean-Antoine), *né à Paris, élève de Gleyre et de MM. Gérôme et Signol; chevalier de la Légion d'honneur en 1876.*

172. Les porteurs de mauvaises nouvelles.

> ... Un second messager roula à côté du premier. Un troisième eut le même sort. Et Pharaon, planant par l'œil de la pensée sur cette ville démesurée dont il était le maître absolu, réfléchissait tristement aux bornes du pouvoir humain...

H. 0,74. — L. 1,21. — Fig. de 0,50

(Salon de 1872.)

LEFEBVRE (Jules-Joseph), *né à Tournan (Seine-et-Marne), élève de M. L. Cogniet; grand prix de Rome (Histoire, en 1861; chevalier de la Légion d'honneur en 1870, officier en 1878.*

173. Nymphe et Bacchus.

H. 1,88. — L. 1,37. — Fig. gr. nat.

(Salon de 1866.)

174. La Vérité.

H. 2,62. — L. 1,10. — Fig. gr. nat.

(Salon de 1870.)

LEGROS (Alphonse), *né à Dijon (Côte-d'Or), élève de M. Lecocq de Boisbaudran.*

175. Une amende honorable.

H. 1,78. — L. 1,72. — Fig. pet. nat.

(Salon de 1868.)

LEHMANN (Charles-Ernest-Rodolphe-Henri), *né à Kiel (Holstein), élève de son père et d'Ingres; chevalier de la Légion d'honneur en 1846, officier en 1853, membre de l'Institut en 1864.*

176. Désolation des Océanides au pied du roc où Prométhée est enchaîné.

(Eschyle, *Prométhée enchaîné.*)

H. 2,51. — L. 1,93. — Fig. demi-nat.

(Salon de 1850.)

177. Le Repos.

H. 1,14. — L. 1,50. — Fig. gr. nat.

(Salon de 1864.)

LEHOUX (Pierre-Adrien-Pascal), *né à Paris, élève de M. Cabanel; prix du Salon en 1874.*

178. Saint Laurent, martyr.

H. 4,29. — L. 3,11. — Fig. plus gr. que nat.

(Salon de 1874.)

LELEUX (Adolphe), *né à Paris; chevalier de la Légion d'honneur en 1855.*

179. Une Noce en Bretagne.

H. 1,35. — L. 2,04. — Fig. de 0,40.

(Salon de 1863.)

LELEUX (Armand), *né à Paris, élève d'Ingres; chevalier de la Légion d'honneur en 1860.*

180. Intérieur de la pharmacie du couvent des Capucins, à Rome.

H. 0,38. — L. 0,47. — Fig. de 0,20.

(Salon de 1863.)

181. Un mariage chez des protestants *disséminés* (Suisse).

H. 0,76. — L. 1,05. — Fig. de 0,30.

(Salon de 1874.)

LENEPVEU (Jules-Eugène), *né à Angers (Maine-et-Loire), élève de Picot, grand prix de Rome (Histoire) en 1847; chevalier de la Légion d'honneur en 1862, officier en 1876; membre de l'Institut en 1869, directeur de l'Académie de France à Rome en 1873.*

182. Les martyrs aux catacombes.

H. 1,70. — L. 3,36. — Fig. de 0,90.

(Salon de 1855.)

LEROUX (Eugène), *né à Paris, élève de Picot ; chevalier de la Légion d'honneur en* 1871.

183. Le nouveau-né, intérieur bas-breton.

<small>H. 1,00. — L. 1,30. — Fig. de 0,60.</small>

<small>(Salon de 1864.)</small>

LEROUX (Hector), *né à Verdun (Meuse), élève de Picot ; chevalier de la Légion d'honneur en* 1877.

184. Funérailles au columbarium de la maison des Césars, porte Capène, à Rome.

<small>H. 1,40. — L. 1,00. — Fig. de 0,30.</small>

<small>(Salon de 1864.)</small>

LÉVY (Émile), *né à Paris, élève d'Abel de Pujol et de Picot ; grand prix de Rome (Histoire) en* 1854 ; *chevalier de la Légion d'honneur en* 1867.

185. Mort d'Orphée.

<small>H. 1,90. — L. 1,20. — Fig. demi-nat.</small>

<small>(Salon de 1866.)</small>

LÉVY (Henri-Léopold), *né à Nancy, élève de Picot et de MM. Cabanel et Fromentin ; chevalier de la Légion d'honneur en* 1872.

186. Sarpédon.

<small>La Mort et le Sommeil apportent à Jupiter le corps de son fils Sarpédon, tué au siège de Troie.</small>

<small>(Homère, ch. xvi.)</small>

<small>H. 3,05. — L. 2,30. — Fig. pet. nat.</small>

<small>(Salon de 1874.)</small>

LEYENDECKER (Mathias), *né à Dernau (Prusse), en* 1822, *élève de Drolling et de Winterhalter, mort en* 1870.

187. Caille et alouettes.

<small>H. 0,48. — L. 0,33.</small>

<small>(Salon de 1870.)</small>

MAIGNAN (ALBERT), *né à Beaumont (Sarthe)*, *élève de MM. J. Noël et Luminais.*

188. Départ de la flotte normande pour la conquête de l'Angleterre; — Dives, 1066.

H. 0,81. — L. 1,15. — Fig. de 0,50.

(Salon de 1874.)

MAISIAT (JOHANNY), *né à Lyon (Rhône)*, *élève de l'École des beaux-arts de Lyon.*

189. Le bord d'un chemin, sur un coteau, en Touraine.

H. 0,84. — L. 0,67.

(Salon de 1867.)

190. Fleurs et fruits.

H. 0,02 — L. 0,82.

(Salon de 1868.)

MARCHAL (CHARLES-FRANÇOIS), *né à Paris en 1825, élève de Drolling et de M. Fr. Dubois; mort en 1877.*

191. Le Choral de Luther (Alsace).

H. 1,10. — L. 1,75. — Fig. de 0,60.

(Salon de 1863.)

192. La foire aux servantes, à Bouxwiller (Alsace).

H. 1,09. — L. 1,75. — Fig. de 0,60.

(Salon de 1864.)

MATOUT (LOUIS), *né à Charleville (Ardennes), chevalier de la Légion d'honneur en 1857.*

193. Femme de Boghari tuée par une lionne.

H. 1,45. — L. 1,70. — Fig. gr. nat.

(Salon de 1855.)

MEISSONIER (Jean-Louis-Ernest), *né à Lyon, élève de M. Léon Cogniet; chevalier de la Légion d'honneur en 1846, officier en 1856, commandeur en 1867; membre de l'Institut en 1861.*

194. L'Empereur à Solférino.

H. 0,45. — L. 0,75. — Fig. de 0,07. — P. sur bois.

(Salon de 1864.)

MÉLIDA (Enrique), *né à Madrid.*

195. Une messe de relevailles en Espagne.

H. 0,52. — L. 0,73.

(Salon de 1872.)

MERLE (Hugues), *né à Saint-Marcellin (Isère), élève de M. L. Cogniet; chevalier de la Légion d'honneur en 1866.*

196. Une mendiante.

H. 1,09. — L. 0,81. — Fig. en buste de gr. nat.

(Salon de 1861.)

MICHEL (Charles-Henri), *né à Fins (Somme), élève de M. Aug. Dehaussy.*

197. La sainte communion.

H. 1,16. — L. 0,89. — Fig. demi-nat.

(Salon de 1866.)

MICHEL (François-Émile), *né à Metz, élève de MM. Maréchal et Migette.*

198. Semailles d'automne.

H. 1,09. — L. 1,55.

(Salon de 1873.)

PEINTURE.

MILLET (Jean-François), *né à Gréville (Manche), en 1815, élève de Paul Delaroche; chevalier de la Légion d'honneur en 1868, mort en 1875.*

199. Église de Gréville.

H. 0,59. — L. 0,73.

200. Baigneuses.

H. 0,28. — L. 0,20. — Fig. de 0,20.

Ces deux tableaux ont été acquis à la vente après décès de l'artiste.

MONGINOT (Charles), *né à Brienne (Aube), élève de M. T. Couture.*

201. Nature morte.

H. 2,03. — L. 2,60.

(Salon de 1853.)

MONTESSUY (François), *né à Lyon (Rhône) en 1804, élève d'Hersent et d'Ingres; mort en 1876.*

202. La Madone des grâces à la Cervara (États Romains).

H. 0,51. — L. 0,61. — Fig. de 0,28.

(Salon de 1853.)

MORAIN (Pierre), *né à Morannes (Maine-et-Loire).*

203. L'étude personnifiée par un jeune artiste se disposant au travail.

H. 0,82. — L. 0,65. — Fig. à mi-corps, gr. nat.

(Salon de 1855.)

MOREAU (Gustave), *né à Paris, élève de Picot; chevalier de la Légion d'honneur en 1875.*

204. Orphée.

Une jeune fille recueille pieusement la tête d'Orphée et

sa lyre, portées par les eaux de l'Hèbre aux rivages de la Thrace.

H. 1,55. — L. 1,00. — Fig. petite nat. — P. sur bois.

(Salon de 1866.)

MOUCHOT (LOUIS), *né à Paris, élève de Drolling et de Belloc; chevalier de la Légion d'honneur en 1872.*

205. La *Chadouf*, système d'irrigation dans la Haute-Égypte.

H. 1,06. — L. 1,60. — Fig. de 0,39.

(Salon de 1875.)

MULLER (CHARLES-LOUIS), *né à Paris, élève de Gros; chevalier de la Légion d'honneur en 1849, officier en 1859, membre de l'Institut en 1864.*

206. Appel des dernières victimes de la terreur.

On remarque M.-C. Lepelletier, ex-princesse de Chimay; G. Montalembert, ex-marquis, capitaine au ci-devant régiment du roi; C.-F. Rougeot de Montcrif, garde-du-corps; P. Durand Puy de Vériune, ex-maître des comptes; M. Barkos, femme de Puy de Vériune; P.-F. Stainville, femme de Grimaldi Monaco, ex-princesse; J.-L.-M. Aucanne, ex-maître des comptes, ex-capitaine de cavalerie; André Chénier, homme de lettres; J.-A. Roucher, homme de lettres; Mme A. Leroy, actrice de la Comédie-Française; A.-M.-F. Piercourt, veuve de Narbonne Pelet, ex-comtesse; C.-J.-F. Manneville de Colbert de Maulvriers, ex-marquise; J.-F. Antié, dit Léonard, coiffeur de la reine; T. Meynier, ex-prêtre de l'Hôtel-Dieu de Paris; F.-A. Seguin, chimiste; F. Trenck, ex-baron; A. Leguay, capitaine au 23e régiment de chasseurs à cheval; C.-F.-J. Saint-Simon, ex-évêque d'Agde; Mme Sabine Viriville, femme de l'ex-comte de Périgord; F.-R.-R. Bessejouls de Roquelaure, ex-marquis. (Voir au *Moniteur* du 7 au 9 thermidor.)

H. 4,37. — L. 8,20. — Fig. gr. nat.

(Salon de 1850.)

MUSSINI (LOUIS), *né à Florence, élève de l'école de Florence; chevalier de la Légion d'honneur en 1877.*

207. L'Éducation à Sparte.

H. 1,22. — L. 1,60. — Fig. de 0,70.

PEINTURE.

NAZON (François-Henri), *né à Réalmont (Tarn), élève de Gleyre.*

208. Bords de l'Aveyron, soir d'automne.

H. 0,80. — L. 1,42.

(Salon de 1863.)

OUVRIÉ (Pierre-Justin), *né à Paris, élève d'Abel de Pujol, de M. le baron Taylor et de M. Châtillon; chevalier de la Légion d'honneur en 1854.*

209. Le Monument de Walter-Scott, Calton-Hill et la Canongate, à Édimbourg.

H. 0,79. — L. 1,30.

(Salon de 1863.)

210. Cour ovale du château de Fontainebleau.

Arrivée de Christine, reine de Suède.

H. 0,90. — L. 1,46.

(Salon de 1840.)

PÂRIS (Camille), *né à Paris, élève de Picot et de A. Scheffer.*

211. Taureau de la campagne de Rome.

H. 1,72. — L. 3,00.

(Salon de 1874.)

PATROIS (Isidore), *né à Noyers (Yonne), élève de Monvoisin et de M. Lenfant; chevalier de la Légion d'honneur en 1872.*

212. Procession des Saintes-Images aux environs de Saint-Pétersbourg (Russie). Cette procession, qui se renouvelle tous les ans, rappelle celle qui fut ordonnée en 1832 à l'occasion du choléra.

H. 0,81. — L. 1,30. — Fig. de 0,52.

(Salon de 1861.)

PELOUSE (Léon-Germain), *né à Pierrelay (Seine-et-Oise); chevalier de la Légion d'honneur en* 1878.

213. Souvenir de Cernay (Seine-et-Oise).

H. 0,82. — L. 1,28.

(Salon de 1872.)

PHILIPPOTEAUX (Henri-Emmanuel-Félix), *né à Paris, élève de M. L. Cogniet; chevalier de la Légion d'honneur en* 1846.

214. Louis XV visitant le champ de bataille de Fontenoy (mai 1745).

H. 1,93. — L. 3,08. — Fig. demi-nat.

(Salon de 1840.)

PLACE (Henri), *né à Paris, chevalier de la Légion d'honneur en* 1854.

215. Marine, falaise de Douvres.

Donné par l'auteur.

H. 0,70. — L. 1,06.

(Salon de 1849.)

PLEYSIER (A.), *né à Haardingue (Hollande méridionale).*

216. Rencontre de pêcheurs dans le canal anglais, par une forte brise.

Donné par l'auteur en 1865.

H. 0,78. — L. 1,12.

(Salon de 1864.)

RANVIER (Joseph-Victor), *né à Lyon, élève de MM. Janmot et Richard; chevalier de la Légion d'honneur en* 1878.

217. La chasse au filet.

H. 0,54. — L. 1,05. — Fig. de 0,75.

(Salon de 1864.)

218. Enfance de Bacchus.

H. 1,28. — L. 2,37. — Fig. de 0,60.

(Salon de 1865.)

REGNAULT (Alexandre-Georges–Henri), *né à Paris, le 30 octobre 1843, élève de Lamothe et de M. Cabanel, grand prix de Rome (Histoire) en 1866, mort au combat de Buzenval, le 19 janvier 1871.*

219. Portrait équestre de Juan Prim.

> Arrivée du général devant Madrid, le 8 octobre 1868, avec l'armée révolutionnaire espagnole.
>
> H. 3,15. — L. 2,58. — Fig. gr. nat.
>
> (Salon de 1869.)

220. Exécution sans jugement sous les rois maures de Grenade.

> Envoi de Rome, peint en 1870.
>
> H. 3,02. — L. 1,47. — Fig. gr. nat.

RENARD (Émile) *né à Sèvres (Seine-et-Oise), élève de MM. Cabanel et C. de Cock.*

221. La grand'mère.

> H. 0,92. — L. 0,77. — Fig. à mi-corps gr. nat.
>
> (Salon de 1876.)

RIBOT (Théodule), *né à Breteuil (Eure), élève de M. Glaize; chevalier de la Légion d'honneur en 1878.*

222. Saint Sébastien, martyr.

> H. 0,97. — L. 1,30. — Fig. gr. nat.
>
> (Salon de 1865.)

223. Le Samaritain.

> Un homme descendait de Jérusalem en Jéricho, et cheut entre les brigands; lesquels le despouillèrent, et après qu'ils l'eurent navré, s'en allèrent le laissant à demy mort. (St Luc, ch. XI.)
>
> H. 1,12. — L. 1,45. — Fig. gr. nat.
>
> (Salon de 1870.)

RICHOMME (Jules), *né à Paris, élève de Drolling; chevalier de la Légion d'honneur en 1867.*

224. Saint Pierre d'Alcantara guérissant un enfant malade.

(*Les Bollandistes*, chap. 40.)

H. 2,30. — L. 1,82. — Fig. demi-nat.

(Salon de 1864.)

RIESENER (Louis-Antoine-Léon), *né à Paris en 1808, élève de Gros; chevalier de la Légion d'honneur en 1873; mort en 1878.*

225. Érigone.

Donné par l'auteur en 1874.

H. 1,10. — L. 1,35. — Fig. gr. nat.

(Salon de 1864.)

ROBERT-FLEURY (Joseph-Nicolas), *né à Paris; chevalier de la Légion d'honneur en 1836, officier en 1849, commandeur en 1867, membre de l'Institut en 1850, directeur de l'Académie de France à Rome en 1866.*

226. Colloque de Poissy en 1561.

Cette conférence, dont le but était d'apaiser les différends entre les protestants et les catholiques, eut lieu en présence de Catherine de Médicis et du jeune roi Charles IX. Théodore de Bèze porta la parole pour les protestants.

H. 0,93. — L. 1,32. — Fig. de 0,48.

(Salon de 1840.)

227. Jane Shore.

Condamnée comme sorcière et adultère, elle est poursuivie dans les rues de Londres et insultée par la populace.

H. 2,03. — L. 1,54. — Fig. gr. nat.

(Salon de 1850.)

228. Pillage d'une maison dans le Judecca de Venise, au moyen âge.

..... Sous le moindre prétexte, on courait au quartier

des Juifs, on entrait dans leurs maisons, on pillait leurs richesses, et leurs débiteurs reprenaient les titres de leurs dettes.

H. 2,42. — L. 2,04. — Fig. de 0,85.

(Salon de 1855.)

ROBERT-FLEURY (Tony), *né à Paris, élève de P. Delaroche et de M. L. Cogniet ; chevalier de la Légion d'honneur en 1873.*

229. Les vieilles de la place Navone, à Santa-Maria-della-Pace.

H. 0,71. — L. 1,09. — Fig. de 0,35.

(Salon de 1867.)

230. Le dernier jour de Corinthe.

Le troisième jour après la bataille de Leucopetra, le consul Mummius entra dans Corinthe évacuée et privée de défenseurs...... Les femmes et les enfants furent vendus comme esclaves. Plusieurs des habitants périrent dans les flammes, pendant que la ville, après avoir subi un horrible pillage, était détruite au son de la trompette. Le feu ayant été mis aux édifices, tout l'espace compris entre les murs s'embrasa.

Tite Live. L. 11, chap. 15.

H. 4,00. — L. 6,02. — Fig. gr. nat.

(Salon de 1870.)

ROUSSEAU (Philippe), *né à Paris, élève de Gros et de V. Bertin ; chevalier de la Légion d'honneur en 1852, officier en 1870.*

231. Un importun.

Un chien griffon interrompt le repas d'une chatte et de ses petits.

H. 1,00. — L. 1,32.

(Salon de 1850.)

232. Cigognes faisant la sieste au bord d'un bassin.

H. 2,20. — L. 1,42.

(Salon de 1855.)

233. Chevreau broutant des fleurs.

H. 2,20. — L. 1,42.

(Salon de 1855.)

RUDDER (Louis-Henri de), *né à Paris, élève de Gros et de Charlet; chevalier de la Légion d'honneur en 1863.*

234. Nicolas Flamel, alchimiste du XVe siècle.

On prétendit qu'il avait trouvé le moyen de faire de l'or.

H. 0,80. — L. 0,64. — Fig. à mi-corps, gr. nat.

SAIN (Édouard-Alexandre), *né à Cluny (Saône-et-Loire), élève de Picot; chevalier de la Légion d'honneur en 1877.*

235. Fouilles à Pompéi.

H. 1,19. — L. 1,72. — Fig. de 0,50.

(Salon de 1866.)

SAUTAI (Paul-Émile), *né à Amiens, élève de MM. J. Lefebvre et Robert-Fleury.*

236. La veille d'une exécution capitale. — Souvenir de Rome.

H. 0,90. — L. 1,34. — Fig. de 0,60.

(Salon de 1875.)

SCHREYER (Adolphe), *né à Francfort-sur-le-Mein (Allemagne).*

237. Chevaux de cosaques irréguliers, par un temps de neige.

H. 1,92. — L. 3,00.

(Salon de 1864.)

SCHUTZENBERGER (Louis-Frédéric), *né à Strasbourg, élève de M. Gleyre; chevalier de la Légion d'honneur en 1870.*

238. Terpsychore.

H. 1,14. — L. 2,00. — Fig. de 0,60.

(Salon de 1861.)

239. Centaures chassant un sanglier.

H. 1,08. — L. 2,00. — Fig. demi-nat.

(Salon de 1864.)

SEBRON (HIPPOLYTE), *né à Caudebec (Seine-Inférieure), élève de Daguerre; chevalier de la Légion d'honneur en* 1867.

240. Vue d'une partie de l'intérieur de la grande mosquée de Cordoue (Espagne).

H. 1,26. — L. 0,97.

(Salon de 1857.)

SÉGÉ (ALEXANDRE), *né à Paris, élève de M. Flers et de M. L. Cogniet; chevalier de la Légion d'honneur en* 1874.

241. Les chênes de Kertregonnec.

H. 1,35. — L. 2,04.

(Salon de 1870.)

242. Les ajoncs en fleurs (Côtes-du-Nord); paysage.

H. 1,35. — L. 2,02.

(Salon de 1876.)

SIGNOL (ÉMILE), *né à Paris, élève de Gros, grand prix de Rome (Histoire) en* 1830; *chevalier de la Légion d'honneur en* 1841, *officier en* 1865, *membre de l'Institut en* 1860.

243. La femme adultère.

Jésus répond aux Scribes et aux Pharisiens : « Que celui d'entre vous qui est sans péché lui jette la première pierre. » (*Évangile* selon saint Jean, chap. VII.)

H. 1,37. — L. 1,11. — Fig. demi-nat.

(Salon de 1840.)

SOYER (Paul), *né à Paris, élève de M. Léon Cogniet.*

244. Dentellières à Asnières-sur-Oise.

H. 0,58. — L. 0,80. — Fig. de 0,30.

(Salon de 1865.)

SYLVESTRE (Joseph Noel) *né à Béziers (Hérault), élève de M. Cabanel, Prix du Salon en* 1876.

245. Locuste essaye en présence de Néron le poison préparé pour Britannicus.

H. 2,80. — L. 3,92. — Fig. gr. nat.

(Salon de 1876.)

TASSAERT (Nicolas-François-Octave), *né à Paris en* 1800, *élève de Lethière, mort en* 1874.

246. Une famille malheureuse.

> La neige couvrait les toits; un vent glacial fouettait la vitre de cette étroite et froide demeure ; une vieille femme réchauffait à un brasier ses mains pâles et tremblantes. La jeune fille lui dit : « O ma mère, vous n'avez pas toujours été dans ce dénûment!..... » Et la vieille dame regardait l'image de la Vierge, et la jeune fille sanglotait. A quelque temps de là on vit deux femmes, lumineuses comme des âmes, qui s'élançaient vers le ciel.

H. 1,01. — L. 0.78. — Fig. demi-nat.

(Salon de 1850.)

TIMBAL (Louis-Charles), *né à Paris, élève de Drolling et de M. Signol; chevalier de la Légion d'honneur en* 1864.

247. La muse et le poète.

H. 2,20. — L 1,55. — Fig. gr. nat.

(Salon de 1866.)

248. L'agonie du Christ au jardin des Oliviers.

H. 1,35. — L. 2,14. — Fig. gr. nat.

(Salon de 1867.)

TISSOT (James), *né à Nantes (Loire-Inférieure), élève d'Hipp. Flandrin et de Lamothe.*

249. Rencontre de Faust et de Marguerite.

> Faust : Ma belle demoiselle, oserai-je vous offrir mon bras et ma conduite ?
> (Goethe, *Faust*.)

H. 0,78. — L. 1,17. — Fig. de 0,60. — P. sur bois.
(Salon de 1861.)

TOURNEMINE (Charles-Émile de), *né à Toulon (Var) en 1813, élève de M. E. Isabey; chevalier de la Légion d'honneur en 1853, mort en 1872.*

250. Éléphants d'Afrique.

> ...« Au soleil levant se déroulait devant nous une plaine immense, en partie inondée, toute peuplée de flamants ou d'ibis. Un long troupeau d'éléphants s'avançait lentement, faisant envoler à son approche des quantités d'oiseaux aux brillantes couleurs. » (*Voyage dans l'intérieur de l'Afrique*, par M. Verreaux.)

H. 0,90. — L. 1,80.
(Salon de 1867.)

251. Habitations turques près Adalia (Asie Mineure).

H. 0,69. — L. 1,24.
(Salon de 1859.)

TRAYER (Jean-Baptiste-Jules), *né à Paris, élève de son père et de M. Lequien.*

252. La marchande de crêpes; jour de grand marché à Quimperlé.

H. 0,81. — L. 1,02. — Fig. de 0,40.
(Salon de 1866.)

ULMANN (Benjamin), *né à Blotzheim (Haut-Rhin), élève de Drolling et de Picot; grand prix de Rome (Histoire) en 1859; chevalier de la Légion d'honneur en 1872.*

253. Sylla chez Marius.

> Sylla, nommé consul et commandant de l'armée contre Mithridate, est amené de force chez Marius, son compéti-

teur, par le tribun Sulpicius, partisan et créature de ce
dernier, et forcé de mettre aux voix la rogation qui accorde
le droit de cité aux alliés italiens et affranchis. La rogation
ayant été votée, Sylla est destitué, et Marius, nommé à sa
place, est attaqué quelques jours après par les troupes que
son compétiteur est allé chercher à Nola.

H. 3,30. — L. 4,70. — Fig. gr. nat.

(Salon de 1866.)

VERNIER (ÉMILE-LOUIS), *né à Lons-le-Saulnier (Jura).*
254. Avant le grain, à Grand-Camp (Calvados); paysage.

H. 1,50. — L. 2,00.

(Salon de 1878.)

VETTER (HÉGÉSIPPE-JEAN), *né à Paris, élève de Steuben;
chevalier de la Légion d'honneur en 1855.*

255. Molière et Louis XIV.

Louis XIV ayant appris que les officiers de sa maison
dédaignaient Molière et refusaient de dîner avec lui chez
le contrôleur de la bouche, le fait asseoir un matin à sa
table, et lui servant une aile de son en cas de nuit, dit aux
courtisans qu'il avait fait introduire : « Vous me voyez,
« Messieurs, en train de faire manger Molière, que les gens
« de ma maison ne trouvent pas d'assez bonne compagnie
« pour eux. »

H. 0,65. — L. 0,98. — Fig. de 0,26. — P. sur bois.

(Salon de 1864.)

256. Mazarin.

Épuisé par la fièvre, Mazarin témoignait un regret
touchant de quitter ses tableaux et tous les précieux
objets d'art qu'il avait rassemblés avec amour.

H. 0,41. — L. 0,61. — Fig. de 0,22. — P. sur bois.

(Salon de 1872.)

VOLLON (ANTOINE), *né à Lyon (Rhône), chevalier de la
Légion d'honneur en 1870, officier en 1878.*

257. Curiosités.

H. 2,64. — L. 1,92.

(Salon de 1868.)

258. Poissons de mer.
    H. 0,82. — L. 1,20. — P. sur bois.

(Salon de 1870.)

259. Armures.
    H. 1,57. — L. 1,14.

(Salon de 1875).

WEBER (Otto), *né à Berlin en 1832, élève de MM. Steffeck et T. Couture; mort en 1871.*

260. La curée de chevreuil.
    H. 1,68. — L. 2,20. — Fig. gr. nat.

(Salon de 1868.)

WORMS (Jules), *né à Paris, élève de M. Lafosse; chevalier de la Légion d'honneur en 1876.*

261. La Romance à la mode.
    H. 0,46. — L. 0,65. — Fig. de 0,19. — P. sur bois.

(Salon de 1868.)

WYLD (William), *né à Londres, chevalier de la Légion d'honneur en 1855.*

262. Le Mont-Saint-Michel, vue prise à Avranches.
    H. 1,40. — L. 2,20.

(Salon de 1869.)

263. Vue de Venise, brouillard du matin.
    H. 1,06. — L. 1,67.

(Salon de 1855.)

ZIEM (Félix), *né à Beaune (Côte-d'Or); chevalier de la Légion d'honneur en* 1857, *officier en* 1878.

264. Vue de Venise.

H. 1,78. — L. 2,58.

(Salon de 1852.)

ZO (Achille), *né à Bayonne (Basses-Pyrénées), élève de M. T. Couture.*

265. L'Aveugle de la porte Doce Cantos, à Tolède.

H. 1,45. — L. 1.13. — Fig. de 0,40.

(Salon de 1863.)

DESSINS ET MINIATURES.

ALIGNY (Claude-Félix-Théodore Caruelle d'), *né à Chaumes (Nièvre) en 1798, élève de Regnault et de Watelet; chevalier de la Légion d'honneur en 1842, correspondant de l'Institut en 1861, mort en 1871.*

266. Vue de Genazzano (États-Romains).

> Dessin à la plume exécuté en 1835.
> H. 0,32. — L. 0,66.

267. Vue de Délos.

> Dessin à la plume.
> H. 0,50. — L. 0,71.
> Donné en 1874 par Mad. V° Caruelle d'Aligny.

268. Rochers et Châtaigniers; étude.

> Dessin à la plume, exécuté à Royat (Auvergne), en 1838.
> H. 0,43. — L. 0,45.

269. Prométhée.

> Dessin à la plume.
> H. 0,56. — L. 0,78.
> Donné en 1874, par Mad. V° Caruelle d'Aligny.

DESSINS ET MINIATURES.

270. Vue de Corinthe.

Dessin à la plume.

H. 0,40. — L. 0,71.

Donné en 1874, par Mad. Vᵉ Carnelle d'Aligny.

APPIAN (Adolphe) (*Voir page* 2).

271. Retour des champs; dessin au fusain.

H. 0,55. — L. 1,05.

(Salon de 1864.)

BARON (Henri-Charles-Antoine) (*Voir page* 2).

272. Fête officielle au palais des Tuileries pendant l'Exposition universelle de 1867 ; aquarelle.

H. 0,57. — L. 0,96.

(Salon de 1868.)

BELLEL (*Voir page* 3).

273. Vallée de Saint-Amé (Vosges).

Dessin au fusain.

H. 0,47. — L. 0,77.

BERTIN (François-Édouard) (*Voir page* 5).

274. Souvenir de Grèce.

Dessin au crayon de couleur et fusain.

H. 0,77. — L. 1,12.

275. Fontainebleau.
> Aquarelle.
>> H. 0,40. — L. 0,54.

276. Meyringen.
> Dessin à la plume.
>> H. 0,45. — L. 0,61.

BIDA (ALEXANDRE), *né à Toulouse (Haute-Garonne), élève d'Eugène Delacroix; chevalier de la Légion d'honneur en 1855, officier en 1870.*

277. Réfectoire de moines grecs.
> Dessin au crayon noir.
>> H. 0,54. — L. 0,43.

(Salon de 1857.)

278. L'Appel du soir, en Crimée.
> Dessin au crayon noir.
>> H. 0,46. — L. 0,71.

(Salon de 1857.)

279. Le Champ de Booz, à Bethléem.
> Dessin au crayon noir.
>> H. 0,46. — L. 0,91.

(Salon de 1861.)

280. Massacre des Mameluks.
> Dessin au crayon noir.
>> H. 0,93. — L. 0,64.

(Salon de 1861.)

281. Prière dans la mosquée.
> Dessin au crayon noir.
>> H. 0,54. — L. 0,42.

CARRIER (Auguste-Joseph), *né à Paris en* 1800, *élève de Gros, Prud'hon et Saint, chevalier de la Légion d'honneur en* 1866, *mort en* 1875.

282. Portrait d'homme.

> Miniature sur ivoire, ovale, signée et terminée en 1864.
>
> H. 0,10. — L. 0,08.
>
> Légué par Mme Ve Carrier, en 1875.

DAVID (Maxime), *né à Châlons-sur-Marne (Marne) en* 1798, *élève de Mme de Mirbel; chevalier de la Légion d'honneur en* 1851, *mort en* 1870.

283. Trois portraits d'Abd-el-Kader, représenté sous des aspects différents (miniatures).

> (Salon de 1853.)

EHRMANN (François), *né à Strasbourg, élève de Gleyre.*

284. Ariane abandonnée par Thésée (aquarelle).

> H. 0,24. — L. 0,50. — Fig. de 0,24.
>
> (Salon de 1873.)

FRANÇAIS (François-Louis).

Voir page 20.

285. Vue prise à Tivoli; jardins d'une villa.

> Aquarelle.
>
> H. 0,22. — L. 0,29.

286. Vue prise au lac de Nemi; à gauche, un gros arbre et une éclaircie dans la forêt.

> Aquarelle.
>
> H. 0,41. — L. 0,57.

FRANÇAIS (FRANÇOIS-LOUIS.)

287. Vue prise à Ponte-Mamolo; à gauche; le Tibre, à droite des pâturages; fond de montagnes; (aquarelle.)

H. 0,30. — L. 0,45.

288. Vue prise à Arriccia; intérieur de forêt; (aquarelle et gouache.)

H. 0,28. — L. 0,22.

FROMENTIN (EUGÈNE).

Voir page 21.

289. Étude de cheval, debout, sellé, bridé, tourné vers la gauche.

Dessin au crayon noir et blanc, sur papier gris.

H. 0,28. — L. 0,32.

290. Étude de cheval nu, debout, tourné vers la droite.

Dessin à la mine de plomb, sur papier gris.

H. 0,15. — L. 0,23.

291. Femme debout, en costume oriental. Elle est tournée vers la gauche, la main gauche appuyée sur la hanche, le pied droit levé.

Dessin aux crayons noir et blanc, sur papier gris.

H. 0,34. — H. 0,21.

292. Figure d'homme drapé à l'orientale, debout et incliné, tourné vers la gauche.

Dessin à la mine de plomb, sur papier blanc.

H. 0,18. — L. 0,12.

FROMENTIN (Eugène.)

293. Un homme et une femme portant des fardeaux; ils marchent vers la gauche.

    Dessin à la plume et à la mine de plomb.

    H. 0,12. — L. 0,18.

294. Figure d'homme en costume oriental, debout, tourné vers la gauche, s'appuyant sur un bâton.

    Dessin à la mine de plomb.

    H. 0,12. — L. 0,12.

295. Étude de cheval nu, vu de dos, la tête tournée vers la gauche.

    Dessin à la mine de plomb, sur papier gris.

    H. 0,20. — L. 0,12.

    Ces huit dessins proviennent de la vente après décès de l'artiste.

GAILLARD (Claude-Ferdinand).

    Voir page 21.

296. Étude pour le portrait de Madame R...

    Dessin au crayon noir.

    H. 0,30. — L. 0,23. — Tête de gr. nat.

                                  (Exp. univ. de 1878.)

    Donné par l'auteur.

GALBRUND (Alphonse-Louis), n à *Paris*, *élève de Richomme et de Regnault*.

297. La jeune ménagère (pastel).

    H. 1,03. — L. 0,80. — Fig. pet. nat.

                                     (Salon de 1870.)

GATTEAUX (Jacques-Édouard) (*Voir page 77*).

298. Portrait du roi Charles X (dessin au crayon).

H. 0,18. — L. 0,12.

Donné par l'auteur.

GIRARD (Pierre), *élève de Gros*.

299. Vue du palais des Césars, sur le mont Palatin (aquarelle).

H. 0,44. — L. 0,68.

GUIOT (Hector), *né à Langres (Haute-Marne), élève de Ziegler*.

300. Rue Saint-Jean, à Chaumont en Bassigny. xvie siècle.

Aquarelle.

H. 0,54. — L. 0,36.

(Salon de 1870.)

HERBELIN (Mme Jeanne-Mathilde), *née à Brunoy (Seine-et-Oise), élève de Belloc*.

301. Portrait de Mme Andryane.

H. 0,129. — L. 0,106.

Miniature sur ivoire donnée par l'auteur.

(Salon de 1849.)

ISABEY (Eugène) (*Voir page* 30).

302. Bois de Varangeville; prairie bordée à droite par une lisière de pins (aquarelle).

H. 0,25. — L. 0,33.

303. Le manoir Ango, à Varangeville, façade extérieure (aquarelle).

H. 0,25. — L. 0,34.

304. Rade de Saint-Malo, mer écumante venant se briser sur des rochers (aquarelle).

H. 0,19. — L. 0,31.

305. Environs de Saint-Malo, anse bordée par une plage (aquarelle).

H. 0,20. — L. 0,34

LAMI (Louis-Eugène), *né à Paris, élève de Gros et d'Horace Vernet; chevalier de la Légion d'honneur en 1837, officier en 1862.*

306. Souper dans la salle de spectacle de Versailles.

Aquarelle, faisant partie de la série des dessins représentant les scènes diverses de la fête de Versailles, offerte par l'Empereur à la reine d'Angleterre, en 1855.

H. 0,42. — L. 0,65.

307. Intérieur d'Église.

Aquarelle.

H. 0,30. — L. 0,495.

Légué par M. J. d'Attainville en 1875.

MARÉCHAL (Charles-Laurent), *né à Metz, chevalier de la Légion d'honneur en 1846, officier en 1855.*

308. Les Traces; pastel.

H. 1,40. — L. 0,90. — Fig. gr. nat.

(Salon de 1876.)

DESSINS ET MINIATURES.

MILLET (Jean-François).

Voir page 40.

309. Bergère tricotant.
Dessin au crayon noir.
H. 0,265. — L. 0,45.

310. Bergère assise.
Étude au crayon noir.
H. 0,295. — L. 0,20.

311. Couseuses.
Étude au crayon noir.
H. 0,193. — L. 0,25.

312. Église de village près Cusset.
Dessin à la plume.
H. 0,13. — L. 0,207.

Ces dessins proviennent de la vente après décès de l'artiste.

NANTEUIL (Célestin), *né à Rome, de parents français, en 1813; chevalier de la Légion d'honneur en 1868, mort en 1873.*

313. Chiens de chasse au repos.
Aquarelle.
H. 0,28. — L. 0,36.

(Salon de 1874.)

314. Faune.
Aquarelle.
H. 0,23. — L. 0,22.

(Salon de 1874.)

PARMENTIER (Mme EUGÉNIE), *née Morin, née à Rouen, en 1837, élève de son père et de Belloi, morte en 1874.*

315. Portrait de l'auteur.
> Miniature.
>> H. 0,13. — L. 0,11.

(Salon de 1874.)

REGNAULT (HENRI) *(Voir page 44)*.

316. La Madrilène, femme debout, vue de dos, robe et mantille noires. — Madrid, 1868.
> Aquarelle.
>> H. 0,46. — L. 0,28.

317. Paysan de la Manche. — Madrid, 1868.
> Aquarelle.
>> H. 0,49. — L. 0,26.

318. Alhambra de Grenade; entrée de la salle des Deux-Sœurs. — 1869.
> Aquarelle.
>> H. 0,61. — L. 0,49.

319. Alhambra de Grenade; intérieur et mirador de la salle des Deux-Sœurs. — 1869.
> Aquarelle.
>> H. 0,57. — L. 0,42.

> Ces quatre aquarelles ont été acquises, en avril 1872, à la vente de l'artiste.

320. Étude pour le portrait projeté de M. Biot, membre de l'Institut.
> Dessin.
>> H. 1,07. — L. 0,97.

> Donné en 1874, par M. V. Regnault, membre de l'Institut.

321. Étude pour un portrait de femme.

Dessin à la mine de plomb.
H. 0,394. — L. 0,225.

Donné, en 1875, par M. V. Regnault membre de l'Institut.

322. Dans un même cadre :

1º La Voiture de Sèvres.

Dessin à la mine de plomb, exécuté en 1855.
H. 0,237. — L. 0,302.

2º Parc à moutons.

Dessin à la mine de plomb, exécuté en 1859.
H. 0,270. — L. 0,381.

Donnés, en 1875, par M. V. Regnault, membre de l'Institut.

323. Dans un même cadre :

1º Deux têtes de Lynx.

Dessin à la mine de plomb.
H. 0,223. — L. 0,138.

2º Vaches au pâturage.

Dessin à la mine de plomb, exécuté en 1859.
H. 0,27. — L. 0,385.

Donnés, en 1875, par M. V. Regnault, membre de l'Institut.

ROCHARD (SIMON-JACQUES), *né à Paris, élève de Mérimée et de J.-B. Isabey.*

324. Portrait de M. Marsh, banquier à Londres.

Miniature à l'aquarelle sur vélin. — H. 0,14. — L. 0,112.

Donné en 1866, par l'auteur.

DESSINS ET MINIATURES.

TASSAERT (Nicolas-François-Octave) (*Voir page 49*).

325. Portrait de femme morte.

H. 0,24. — L. 0,30.

Donné en 1874 par M. F. Dubreuil.

TOURNY (Joseph-Gabriel), *né à Paris, élève de M. Martinet; grand prix de Rome (Gravure) en 1846; chevalier de la Légion d'honneur en 1872.*

326. Deux moines près d'un bénitier; étude à l'aquarelle.

H. 0,60. — L. 0,30.

(Salon de 1864.)

TROISVAUX (Amable-Jean-Baptiste-Désiré), *né en 1788, élève d'Aubry, mort à Paris en 1860.*

327. Portrait de l'auteur.

Miniature sur ivoire ; ovale. — H. 0,15. — L. 0,12.

328. Portrait de la femme de l'auteur.

Miniature sur ivoire, exécutée en 1833. — H. 0,19. — L. 0,14.

Ces deux ouvrages ont été donnés, en 1863, par Mlle Thévenin et Verneuil.

VIDAL (Vincent), *né à Carcassonne (Aude), élève de P. Delaroche; chevalier de la Légion d'honneur en 1852.*

329. L'ange déchu.

Mes ailes demeuraient sans vigueur, immobiles comme elles l'ont été depuis cette heure funeste, comme elles le seront à jamais; ainsi l'ordonne un Dieu offensé.

H. 0,61. — L. 0,47. — Dessin aux divers crayons.

(Salon de 1849.)

330. Une larme de repentir.

> O pécheur! n'en est-il pas ainsi des pleurs du repentir? Quelque saignantes que soient les plaies qui le rongent au dedans, une larme venue du ciel les a toutes guéries.

H. 0,61. — L. 0,47. — Dessin aux divers crayons.

(Salon de 1849.)

331. Polymnie.

H. 0,59. — L. 0,41. — Dessin aux divers crayons.

(Salon de 1849.)

SCULPTURE, GRAVURE EN MÉDAILLE

ET PIERRES FINES.

AIZELIN (Eugène), *né à Paris, élève de Ramey et de M. Dumont; chevalier de la Légion d'honneur en* 1867.

332. Psyché.

    Figure de marbre. — Gr. nat.

                                          (Salon de 1863.)

BARRIAS (Louis-Ernest), *né à Paris, élève de MM. Cavelier et Jouffroy; grand prix de Rome en* 1865; *chevalier de la Légion d'honneur en* 1878.

333. Jeune fille de Mégare.

    Figure de marbre. — Gr. nat.

                                            (Salon de 1870.)

BARTHELEMY (Raymond), *né à Toulouse, élève de Duret; grand prix de Rome en* 1860.

334 Ganymède.

    Groupe de marbre. — Gr. nat.

    (Le modèle en plâtre avait figuré au salon de 1869.)

BARYE (Antoine-Louis), *né à Paris en 1796, élève de Bosio et de Gros; chevalier de la Légion d'honneur en 1833, officier en 1855, membre de l'Institut en 1868, mort en juin 1875.*

335. Un jaguar dévorant un lièvre.
    Bronze.
    (Salon de 1852.)

336. Le tigre et le gavial.
    Bronze.
    (Cédé au Musée du Luxembourg par le Ministre de l'Intérieur.)

337. Le combat du Centaure et du Lapithe.
    Bronze. — Grand. demi-nat.

338. Panthère saisissant un cerf.
    Bronze, ancien modèle pour la fonte.

339. Tigre dévorant une gazelle.
    Bronze, ancien modèle.

340. Panthère de Tunis.
    Galvanoplastie, ancien modèle.

341. Jaguar dormant.
    Épreuve en plomb.

342. Cerf qui marche.
    Bronze, ancien modèle.

343. Cerf qui écoute.
    Bronze, ancien modèle, retouché à la cire.

344. Girafe.
    Esquisse, cire.

345. Tigre couché.
    Esquisse, cire.

BARYE (Antoine-Louis).

346. Tigre couché en sphinx.

<small>Esquisse, cire.</small>

<small>Ces neufs derniers ouvrages proviennent de la vente après décès de Barye.</small>

347. Lion assis.

<small>Esquisse, cire.</small>

<small>Provenant de la vente Barye ; don de M. F. Barbedienne.</small>

BECQUET (Just), *né à Besançon, élève de Rude ; chevalier de la Légion d'honneur en 1878.*

348. Ismaël.

<small>Fig. de marbre. — Gr. nat.</small>

<small>(Salon de 1877.)</small>

BONNASSIEUX (Jean), *né à Pannissière (Loire), élève de M. Dumont ; grand prix de Rome en 1836 ; chevalier de la Légion d'honneur en 1855, membre de l'Institut en 1866.*

349. Un Amour se coupant les ailes.

<small>Figure de marbre. — Gr. nat.</small>

<small>(Salon de 1842.)</small>

350. La Méditation.

<small>Figure de marbre. — Gr. nat.</small>

<small>Répétition grandie de la statue qui figurait à l'exposition de 1855 et qui a été détruite en 1871 au Palais-Royal.</small>

BOURGEOIS (Baron Charles-Arthur), *né à Dijon (Côte-d'Or), élève de Duret et de M. Guillaume ; grand prix de Rome en 1863.*

351. La Pythie de Delphes.

<small>Figure de marbre. — Plus gr. que nat.</small>

<small>(Salon de 1870.)</small>

CABET (Jean-Baptiste-Paul), *né à Nuits (Côte-d'Or), en 1818, élève de Rude; chevalier de la Légion d'honneur en 1868, mort en 1876.*

352. **Mil huit cent soixante et onze.**
Fig. de marbre. — Gr. nat.
(Salon de 1877.)

CAIN (Auguste-Nicolas), *né à Paris, élève de Rude et de M. Guionnet; chevalier de la Légion d'honneur en 1869.*

353. **Vautour fauve sur une tête de sphinx.**
Bronze.
(Salon de 1865.)

CARRIER-BELLEUSE (Albert-Ernest), *né à Anizy-le-Château (Aisne), élève de David d'Angers; chevalier de la Légion d'honneur en 1867.*

354. **Hébé endormie.**
Figure de marbre. — Gr. petite nat.
(Salon de 1869.)

CAVELIER (Pierre-Jules), *né à Paris, élève de David d'Angers et de P. Delaroche; grand prix de Rome en 1842; chevalier de la Légion d'honneur en 1853, officier en 1863, membre de l'Institut en 1865.*

355. **La Vérité.**
Figure de marbre. — Gr. nat.
(Salon de 1853.)

356. **Buste de femme.**
Marbre. — Gr. nat.
(Salon de 1852.)

357. **La mère des Gracques.**
Groupe de marbre. — Gr. nat.
(Salon de 1861.)

358. **Le Néophyte.**
Fig. de marbre. — Gr. nat.
(Exp. univ. de 1867.)

CHAPU (Henri-Michel-Antoine), *né au Mée (Seine-et-Marne), élève de Pradier, de Duret et de M. Léon Cogniet, grand prix de Rome en 1855; chevalier de la Légion d'honneur en 1867, officier en 1872.*

359. Mercure inventant le caducée.

    Fig. de marbre. — Gr. nat.

                                       (Salon de 1863.)

360. Jeanne-d'Arc à Domrémy.

    Figure de marbre. — Gr. nat.

                                       (Salon de 1870.)

CORDIER (Charles), *né à Cambrai (Nord), élève de Rude; chevalier de la Légion d'honneur en 1860.*

361. Buste de nègre du Soudan.

    Marbres divers. — Gr. nat.

362. Buste de négresse des colonies.

    Marbres divers. — Gr. nat.

CRAUK (Gustave-Adolphe-Désiré), *né à Valenciennes (Nord), élève de Pradier; grand prix de Rome en 1851; chevalier de la Légion d'honneur en 1864, officier en 1878.*

363. Buste d'enfant.

    Marbre.

                                       (Salon de 1866.)

(Donné par l'auteur.)

364. Le faune à l'amphore.

    Figure de marbre. — Gr. nat.

                                   (Exp. univ. de 1867.)

365. La Victoire.

    Statue de bronze. — Gr. nat.

                                     (Salon de 1864.)

SCULPTURE.

DAVID (ADOLPHE), *né à Baugé (Maine-et-Loire), élève de M. Jouffroy.*

366. Apothéose de Napoléon Ier, d'après Ingres.

    Camée, Sardonyx.   (Salon de 1874.)

DEGEORGE (CHARLES-JEAN-MARIE), *né à Lyon, élève de Duret, de H. Flandrin et de M. Jouffroy ; grand prix de Rome en 1866 (gravure en médailles).*

367. Bernardino Cenci.

    Buste de marbre. — Gr. nat.   (Salon de 1870.)

DELAPLANCHE (EUGÈNE), *né à Belleville (Paris), élève de Duret ; grand prix de Rome en 1864, chevalier de la Légion d'honneur en 1875.*

368. Ève après le péché.

    Statue de marbre. — Gr. nat.   (Salon de 1870.)

369. Le message d'amour.

    Fig. de marbre. — Gr. nat.   (Salon de 1874.)

DELORME (JEAN-ANDRÉ), *né à Sainte-Agathe-en-Donzy (Loire), élève de M. Bonnassieux.*

370. Premier essai.

    Fig. de marbre. — Gr. nat.   (Salon de 1863.)

DUBOIS (PAUL), *né à Nogent-sur-Seine (Aube), élève de Toussaint ; chevalier de la Légion d'honneur en 1867, officier en 1874, membre de l'Institut en 1876.*

371. Saint Jean, enfant.

    Statue de bronze. — Gr. nat.   (Salon de 1864.)

DUBOIS (Paul).

372. Narcisse.

Fig. de marbre. — Gr. nat. (Salon de 1874.).

373. Chanteur florentin du XVᵉ siècle.

Epreuve en bronze argenté d'après le modèle en plâtre exposé au salon de 1865. — Gr. nat.

DUMONT (Augustin-Alexandre), *né à Paris, élève de son père et de Cartellier; grand prix de Rome en 1823, chevalier de la Légion d'honneur en 1836, officier en 1841, commandeur en 1870, membre de l'Institut en 1838.*

374. Étude de jeune femme.

Figure de marbre. — Gr. nat.

375. Leucothée et Bacchus enfant.

Groupe de marbre. — Gr. nat. (Salon de 1831.)

376. Buste de jeune fille, couronnée de fleurs.

Marbre. — Gr. nat.

ÉTEX (Antoine), *né à Paris, élève de Dupaty, de Pradier et de Ingres; chevalier de la Légion d'honneur en 1841.*

377. Saint Benoît.

Agé de dix-huit ans, solitaire, retiré dans les montagnes, pour vaincre la matière et faire triompher l'esprit, saint Benoît se roule sur les épines.

(*Vie des Saints.*)

Figure couchée, marbre. — Gr. nat. (Salon de 1865.)

FALGUIÈRE (Jean-Alexandre-Joseph), *né à Toulouse (Haute-Garonne), élève de M. Jouffroy; grand prix de Rome en 1859; chevalier de la Légion d'honneur en 1870, officier en 1878.*

378. Tarcisius, martyr chrétien.

« Il aima mieux mourir sous les coups des païens que de leur livrer le corps du Christ. »

Figure couchée, marbre. — Gr. nat.

(Salon de 1868.)

379. Un vainqueur au combat de coqs.

Figure de bronze. — Gr. nat.

(Salon de 1870.)

FRÉMIET (Emmanuel), *né à Paris, élève de Rude; chevalier de la Légion d'honneur en 1860, officier en 1878.*

380. Le chien blessé.

Bronze. — Gr. nat.

(Salon de 1850.)

381. Pan et ours.

Groupe, marbre. Gr. nat.

(Salon de 1867.)

GASTON-GUITTON (Victor-Édouard-Gustave), *né à Napoléon-Vendée (Vendée), élève de Sartoris et de Rude.*

382. Léandre.

Déjà de son azur la nuit voilait les cieux,
Et de Léandre seul n'endormait pas les yeux;
Mais, près des flots bruyants qui battent le rivage,
Il attend des amours le lumineux message.

Figure de marbre. — Gr. nat.

(Salon de 1857.)

GASTON-GUITTON (Victor–Édouard-Gustave).

383. Le Passant et la Colombe.

> D'où viens-tu, colombe timide ?
> D'où vient ce parfum précieux
> Que ton aile, en son vol rapide,
> Exhale et répand vers les cieux ?
>
> (ANACRÉON, *ode* IX.)

Statue de bronze. — Gr. nat. (Salon de 1861.)

GATTEAUX (Jacques–Édouard), *né à Paris, élève de son père et de Moitte ; grand prix de Rome (Gravure en médailles) en 1809, chevalier de la Légion d'honneur en 1833, membre de l'Institut en 1845, officier de la Légion d'honneur en 1861.*

384. Minerve après le jugement de Pâris.

Figure de bronze. — Gr. nat. (Salon de 1839.)

GEOFFROY DE CHAUME (Alfred–Victor), *né à Paris, élève de David (d'Angers); chevalier de la Légion d'honneur en 1862.*

385. Masque de Béranger.

Marbre. Gr. nat. (Donné par M. Perrotin.)

GUILLAUME (Claude–Jean–Baptiste–Eugène), *né à Montbard (Côte-d'Or), élève de Pradier ; grand prix de Rome en 1845 ; chevalier de la Légion d'honneur en 1855, officier en 1867, commandeur en 1875, membre de l'Institut en 1862.*

386. Anacréon.

Figure de marbre. — Gr. nat. (Salon de 1852.)

387. Les Gracques.

Groupe de bronze. — Gr. nat. (Salon de 1853.)

GUILLAUME (Claude-Jean-Baptiste-Eugène).

388. Le Faucheur.
Fig. de bronze. — Gr. nat.
(Salon de 1855.)

389. Monseigneur Darboy.
Buste de marbre. — Gr. nat.
(Salon de 1875.)

HIOLLE (Ernest-Eugène), *né à Valenciennes (Nord), élève de M. Jouffroy; grand prix de Rome en 1862, chevalier de la Légion d'honneur en 1873.*

390. Narcisse.
Figure de marbre. — Gr. nat.
(Salon de 1869.)

391. Arion assis sur le dauphin.
Figure de marbre. — Gr. nat.
(Salon de 1870.)

ISELIN (Henri-Frédéric), *né à Clairegoutte (Haute-Saône), élève de Rude; chevalier de la Légion d'honneur en 1863.*

392. Jeune Romain.
Buste de marbre. — Gr. nat.
(Salon de 1852.)

393. Portrait du président Boileau.
Buste de marbre. — Gr. nat.
(Salon de 1861.)

JOUFFROY (François), *né à Dijon (Côte-d'Or), élève de Ramey fils; grand prix de Rome en 1832, chevalier de la Légion d'honneur en 1843, officier en 1861, membre de l'Institut en 1857.*

394. Jeune fille confiant son premier secret à Vénus.
Figure de marbre. — Gr. nat.
(Salon de 1839.)

SCULPTURE. 79

LEHARIVEL-DUROCHER (VICTOR), *né à Chanu (Orne), le 20 novembre 1816, élève de Belloc, de Ramey fils et de M. A. Dumont; chevalier de la Légion d'honneur en 1870; mort en 1878.*

395. Être et paraître.

    Figure de marbre. — Gr. nat.

(Salon de 1861.)

LEMAIRE (PHILIPPE-HENRI), *né à Valenciennes (Nord), élève de Cartellier; grand prix de Rome en 1821, chevalier de la Légion d'honneur en 1834, officier en 1842, membre de l'Institut en 1845.*

396. Tête de Vierge.

    Marbre. — Gr. nat.

(Salon de 1846.)

LEROUX (FRÉDÉRIC-ÉTIENNE), *né à Écouché (Orne), élève de M. Jouffroy; chevalier de la Légion d'honneur en 1878.*

397. Marchande de violettes.

    Figure de bronze. — Gr. nat.

(Salon de 1866.)

LOISON (PIERRE), *né à Mer (Loir-et-Cher), élève de David (d'Angers); chevalier de la Légion d'honneur en 1859.*

398. La Victoire, le lendemain du combat.

    Figure de bronze. — Gr. nat.

(Salon de 1869.)

MAILLET (JACQUES-LÉONARD), *né à Paris, élève de Pradier; grand prix de Rome en 1847, chevalier de la Légion d'honneur en 1861.*

399. Agrippine et Caligula.

    Quel spectacle digne de pitié, de voir l'épouse de Germanicus se sauver du camp de son époux, emportant son enfant dans ses bras.   (TACITE.)

    Groupe de marbre. — Gr. nat.

(Salon de 1853.)

5.

MAILLET (Jacques Léonard)

400. Agrippine portant les cendres de Germanicus.

> Agrippine partit de Syrie pour porter à Rome les cendres de son époux. Le sénat, le peuple, tout le monde enfin, était allé au-devant de l'urne, qu'on reçut avec autant de respect que si c'eût été le simulacre de quelque Dieu.

Figure de marbre. — Gr. nat.

(Salon de 1861.)

MAINDRON (Étienne-Hippolyte), *né à Champtoceaux, (Maine-et-Loire), élève de David (d'Angers); chevalier de la Légion d'honneur en 1874.*

401. Velléda.

> « Cette femme était extraordinaire. Elle avait, ainsi que toutes les Gauloises, quelque chose de capricieux et d'attirant. Son regard était prompt, sa bouche un peu dédaigneuse et son sourire singulièrement doux et spirituel. Ses manières étaient tantôt hautaines, tantôt voluptueuses : il y avait dans toute sa personne de l'abandon et de la dignité, de l'innocence et de l'art. J'aurais été étonné de trouver dans une espèce de sauvage une connaissance approfondie des lettres grecques et de l'histoire de son pays, si je n'avais su que Velléda descendait de la famille de l'archidruide et qu'elle avait été élevée par un senoni pour être attachée à l'ordre savant des prêtres gaulois. L'orgueil dominait chez cette barbare, et l'exaltation de ses sentiments allait souvent jusqu'au désordre.
>
> « ... Ah! si tu m'aimais, quelle serait notre félicité. Nous trouverions pour nous exprimer un langage digne du ciel ; à présent, il y a des mots qui me manquent, parce que ton âme ne répond pas à la mienne.
>
> « La dernière fois, elle resta longtemps appuyée contre un arbre à regarder les murs de la forteresse. Je la voyais par une fenêtre et je ne pouvais retenir mes pleurs. Elle s'éloigna à pas lents et ne revint plus. »

(Chateaubriand. — *Les Martyrs.*)

Figure de marbre. — Gr. nat.

Répétition de la statue exposée au salon de 1844, et placée dans le jardin du Luxembourg.

MANIGLIER (Henri-Charles), *né à Paris, élève de Ramey et de M. A. Dumont; grand prix de Rome en 1856; chevalier de la Légion d'honneur en 1878.*

402. Pénélope portant à ses prétendants l'arc d'Ulysse.

Figure de marbre. — Gr. nat.

(Salon de 1870.)

MARCELLIN (Jean-Esprit), *né à Gap (Hautes-Alpes), élève de F. Rude; chevalier de la Légion d'honneur en 1862.*

403. Bacchante se rendant au sacrifice sur le mont Cithéron.

Groupe de marbre. — Gr. nat. (Salon de 1869.)

MARCELLO (A).

404. Bianca Capello.

Issue d'une grande famille vénitienne, Bianca Capello s'enfuit à l'âge de dix-huit ans, accompagnée d'un jeune florentin, en emportant les joyaux de sa famille. Réfugiée à Florence, elle devint la maîtresse de François de Médicis, supposa un enfant, se débarrassa des complices de sa supercherie, et se fit épouser par son amant. Devenue grande-duchesse de Toscane, Bianca Capello aurait voulu empoisonner son beau-frère, le cardinal de Médicis; mais son mari ayant pris par mégarde du mets préparé, elle se résigna à mourir avec lui.

Buste de marbre. — Gr. nat. (Salon de 1863.)

405. Chef abyssin.

Buste de marbre. — Gr. nat. (Salon de 1870.)

MÈNE (Pierre-Jules), *né à Paris, élève de René Compaire; chevalier de la Légion d'honneur en 1861.*

406. Valet de chasse à cheval avec sa harde.

Groupe de bronze.

Épreuve d'après le groupe en cire exposé au salon de 1869.

MERCIÉ (Antonin), *né à Toulouse, élève de MM. Jouffroy et Falguière; grand prix de Rome en 1868, chevalier de la Légion d'honneur en 1872.*

407. David.

Figure de bronze. — Gr. nat. (Salon de 1872.)

MICHEL-PASCAL (François), *né à Paris, élève de David (d'Angers).*

408. Moines lisant.
  Groupe de marbre.
  (Salon de 1847.)

MILLET (Aimé), *né à Paris, élève de son père, de David (d'Angers) et de M. E. Viollet-le-Duc; chevalier de la Légion d'honneur en 1859, officier en 1870.*

409. Ariane.
  Figure de marbre. — Gr. nat.
  (Salon de 1857.)

410. Cassandre se met sous la protection de Pallas.
  Fig. de marbre. — Gr. nat.
  (Salon de 1877.)

MONTAGNY (Étienne), *né à Saint-Étienne (Loire), élève de David (d'Angers) et de Rude; chevalier de la Légion d'honneur en 1867.*

411. Saint Louis de Gonzague.
  Statue de terre cuite. — Gr. nat.
  (Salon de 1864.)

MOREAU (Mathurin), *né à Dijon (Côte-d'Or) élève de Ramey et de M. A. Dumont; chevalier de la Légion d'honneur en 1865.*

412. Une fileuse.
  Figure de marbre. — Gr. nat.
  (Salon de 1861.)

MOREAU-VAUTHIER (Augustin), *né à Paris, élève de Toussaint; chevalier de la Légion d'honneur en 1877.*

413. Le petit buveur.
  Fig. de marbre. — Gr. nat.
  (Salon de 1869.)

MOULIN (Hippolyte), *né à Paris, élève de M. Barye.*

414. Une trouvaille à Pompéi.

    Statue de bronze. — Gr. nat.

                                            (Salon de 1864.)

OLIVA (Alexandre-Joseph), *né à Saillagouze (Pyrénées-Orientales), élève de Delestre, chevalier de la Légion d'honneur en 1867.*

415. Rembrandt.

    Buste de bronze. — Gr. nat.

                                            (Salon de 1853.)

416. Portrait du R. P. Ventura de Raulica, ancien général des Théatins, consulteur de la Sacrée Congrégation des Rites, examinateur des évêques et du clergé romain.

    Buste en marbre. — Gr. nat.

                                            (Salon de 1857.)

SAINT-MARCEAUX (René de), *né à Reims (Marne), élève de M. Jouffroy.*

417. La jeunesse du Dante.

    Figure de marbre. — Gr. nat.

                                            (Salon de 1869.)

SALMSON (Jean-Jules), *né à Paris, élève de Ramey, de Toussaint et de M. Dumont; chevalier de la Légion d'honneur en 1867.*

418. La dévideuse.

    Fig. de bronze. — Gr. nat.

                                            (Salon de 1863.)

SCHOENEWERK (Alexandre), *né à Paris, élève de Triqueti, de Jollivet et de David d'Angers; chevalier de la Légion d'honneur en 1873.*

419. Jeune fille à la fontaine.

    Fig. de marbre. — Gr. nat.

                                          (Salon de 1873.)

SCHROEDER (Louis), *né à Paris, élève de Rude.*

420. L'Amour attristé à la vue d'une rose effeuillée.

    Figure de marbre. — Gr. nat.

                             (Salon de 1852.)

SOLDI (Émile-Arthur), *né à Paris, élève de Farochon et de M. Lequesne, prix de Rome en 1869 (Gravure en médailles) ; chevalier de la Légion d'honneur en 1878.*

421. Gallia.

    Médaillon de bronze; haut-relief, gr. nat.

                             (Salon de 1873.)

THOMAS (Gabriel-Jules), *né à Paris, élève de Ramey et de M. A. Dumont; grand prix de Rome en 1848, chevalier de la Légion d'honneur en 1867, membre de l'Institut en 1876.*

422. Virgile.

    Statue de marbre. — Gr. nat.

                             (Salon de 1861.)

TOURNOIS (Joseph), *né à Chazeuil (Côte-d'Or), élève de M. Jouffroy ; grand prix de Rome en 1857 ; chevalier de la Légion d'honneur en 1878.*

423. Bacchus inventant la Comédie.

    Fig. de bronze. — Gr. nat.

                             (Salon de 1869.)

TRUPHÊME (François), *né à Aix (Bouches-du-Rhône), élève de M. Bonnassieux.*

424. Jeune fille à la source.

    Figure de marbre. — Gr. nat.

                          (Exposition universelle de 1867.)

VECHTE (Antoine), *né à Vire-sous-Bil (Côte-d'Or) en 1800, mort en 1868.*

425. Vase d'argent repoussé. Composition inspirée par le Paradis perdu de Milton.

> L'âge d'or. — Ève endormie est tentée par Satan qui lui fait apparaître d'autres Èves, comme elle, s'élevant au rang des êtres célestes et de Dieu lui-même.
> L'âge de fer. — Adam endormi voit dans un songe prophétique le meurtre d'Abel par Caïn, les misères de l'humanité et les martyrs de la religion chrétienne.
> Le génie des Regrets et le génie du Mal sont couchés sur le pied du vase sous les traits d'Ève et d'Adam.
> Les figures qui forment les anses représentent la Vérité et la Poésie. Celle qui domine le couvercle est le Dieu-Créateur; sous ses pieds les génies lancent les constellations dans l'espace.

H. 0,94. — Diam. 0,37.

426. Vase d'argent. Composition qui devait représenter la paix et la guerre. Reproduction, par la galvanoplastie, du modèle en plâtre resté inachevé.

H. 0,95. — Diam. 0,39.

TAPISSERIES

DES MANUFACTURES NATIONALES DES GOBELINS ET DE BEAUVAIS

VASES

DE LA MANUFACTURE NATIONALE DE SÈVRES.

---

427. Séléné, par M. Jules Machard.

> Tapisserie exécutée à la Manufacture nationale des Gobelins, par M. Collin, en 1877.

428. Panneau, vase avec fleurs et fruits, d'après Baptiste Monnoyer. Bordure, ornements et fleurs, par MM. Chabal-Dussurgey et Godefroy.

> Tapisserie exécutée en 1872 à la manufacture nationale de Beauvais, le panneau par MM. Vérité et Lefèvre, la bordure par MM. Langlois et Robaut (Henri).

429. Siége de canapé, style Louis XVI, fond rose. Composition de M. Dussurgey.

> Tapisserie exécutée, en 1874, à la manufacture nationale de Beauvais, par MM. Caron et Vérité.

430. Vase cylindroïde, première grandeur (forme de M. Nicolle). Fond jaune sous couverte. Enfants, fleurs et papillons; exécuté en 1874, à la manufacture nationale de Sèvres; composition et peinture de M. Barriat; dorure de M. Réjoux.

> H. 1,20. — Diam. 0,70.
>
> (Porcelaine dure.)

431. Vase Diéterle. Fleurs en *or chinois* sur fond bleu lapis, exécuté à la Manufacture nationale de Sèvres en 1872, par M. Cabau.

H. 0,15. — Diam. 0,60. (Porcelaine dure.)

432. Vase Paris. Fond bleu de roi, décor à lambrequins, en émaux relief et or, exécuté en 1874, à la Manufacture nationale de Sèvres ; composé et peint par M. Goddé.

H. 0,85. — Diam. 0,40. (Porcelaine tendre.)

433. Vase de Nîmes. Raisins et glycines.

Exécuté en 1874, à la manufacture de Sèvres, par M. Bulot; forme de M. Diéterle.

434. Coupe ovale, « Vénus et l'Amour » (figures en pâte d'application).

Exécutée en 1877, à la manufacture de Sèvres, par M. Damousse.

435. Caisse à fleurs, style persan ; composition de M. A. Blanchard.

Exécutée à la manufacture de Sèvres, en 1876.

TABLE ALPHABÉTIQUE
DES ARTISTES
DONT LES OUVRAGES SONT EXPOSÉS
AU MUSÉE NATIONAL DU LUXEMBOURG.

	Pages
M. ACHARD (Jean-Alexis), peintre	1
M. ACHENBACH (Oswald), idem	1
M. AIZELIN (Eugène), sculpteur	69
M. ALIGNY (Claude-Félix-Théodore Caruelle d'), peintre	55
M. AMAURY-DUVAL (Eugène-Emmanuel), idem	1
M. ANASTASI (Auguste), idem	2
M. ANTIGNA (Jean-Pierre-Alexandre), idem	2
M. APPIAN (Adolphe), idem	2 et 56
M. BARON (Henri-Charles-Antoine), idem	2 et 56
M. BARRIAS (Félix-Joseph), idem	2
M. BARRIAS (Louis-Ernest), sculpteur	69
M. BARTHÉLEMY (Raymond), idem	69
M. BARYE (Antoine-Louis), idem	70
M. BAUDRY (Paul-Jacques-Aimé), peintre	3
M. BEAUMONT (Charles-Edouard de), idem	3
M. BECQUET (Just), sculpteur	71
M. BELLANGER (Camille-Félix), peintre	3
M. BELLEL (Jean-Joseph), idem	3 et 56
M. BELLY (Léon-Auguste-Adolphe), idem	4
M. BENOUVILLE (Jean-Achille), idem	4
M. BERCHÈRE (Narcisse), idem	4
M. BERNIER (Camille), peintre	4
M. BERTIN (François-Edouard), idem	5 et 56
M. BERTRAND (James), idem	5
M. BIARD (François), idem	5
M. BIDA (Alexandre), dessinateur	57
M. BILLET (Pierre), peintre	6
M. BLANC (Paul Joseph), idem	6
M. BLANCHARD (Edouard-Théophile), idem	6
M. BODMER (Karl), idem	6
Mlle BONHEUR (Rosa), idem	6
M. BONNASSIEUX (Jean), sculpteur	71
M. BOUGUEREAU (Adolphe-William), peintre	7
M. BOURGEOIS (Baron Charles-Arthur), sculpteur	71
M. BRÉMOND (Jean-François), peintre	7
M. BRENDEL (Albert), idem	7
M. BREST (Fabius), idem	7
M. BRETON (Jules-Adolphe), idem	8

TABLE.

	Pages
M. Breton (Emile-Adélard), peintre	8
M. Brion (Gustave), idem	8
M. Busson (Charles), idem	9
M. Butin (Ulysse-Louis-Auguste), idem	9
M. Cabanel (Alexandre), idem	9
M. Cabat (Louis), idem	10
M. Cabet (Jean-Baptiste-Paul), sculpteur	72
M. Cain (Auguste-Nicolas), idem	72
M. Carrier (Auguste-Joseph), peintre	58
M. Carrier-Belleuse (Albert-Ernest), sculpteur	72
M. Cavelier (Pierre-Jules), idem	72
M. Chaplin (Charles), peintre	10
M. Chapu (Henri-Michel-Antoine), sculpteur	73
M. Chardin (Paul-Louis-Léger), peintre	10
M. Chavet (Victor), idem	11
M. Chenavard (Paul), idem	11
M. Chenu (Augustin Fleury), idem	12
M. Chintreuil (Antoine), idem	12
M. Cibot (Edouard), idem	12
M. Coignard (Louis), idem	13
M. Comte (Pierre-Charles), idem	13
M. Cordier (Charles), sculpteur	73
M. Corot (Jean-Baptiste-Camille), peintre	13
M. Coubertin (Charles de), idem	13
M. Courbet (Gustave), idem	14
M. Courtat (Louis), idem	14
M. Courtois (Gustave), idem	14
M. Couture (Thomas), idem	14
M. Crauk (Gustave-Adolphe-Désiré), sculpteur	73
M. Curzon (Paul-Alfred de), peintre	15
M. Dauban (Jules-Joseph), idem	15
M. Daubigny (Charles-François), idem	15
M. David (Adolphe), graveur en médailles	74
M. David (Maxime), peintre	58
M. Degeorge (Charles-Jean-Marie), grav. en médailles	74
M. Dehodencq (Alfred), peintre	16
M. Delaplanche (Eugène), sculpteur	74
M. Delaunay (Jules-Elie), peintre	16
M. Delorme (Jean-André), sculpteur	74
M. Descoffe (Alexandre), peintre	17
M. Descoffe (Blaise-Alexandre), idem	17
M. Diaz de la Pena (Narcisse), idem	17
M. Didier (Jules), idem	17
M. Doré (Gustave-Paul), idem	18
M. Dubois (Paul), sculpteur	74
M. Dubufe (Louis-Édouard), peintre	18
M. Dumont (Augustin-Alexandre), sculpteur	75
M. Duran (Carolus), peintre	18

TABLE

	Pages
M. Duval le Camus (Jules-Alexandre), peintre	18
M. Duverger (Théophile-Emmanuel) idem	18
M. Ehrmann (François), idem	58
M. Escallier (Mme Éléonore), idem	19
M. Etex (Antoine), sculpteur et peintre	19 et 75
M. Falguière (Alexandre), sculpteur	76
M. Fauvelet (Jean), peintre	19
M. Feyen (Eugène), idem	19
M. Feyen-Perrin (François-Nicolas-Augustin), idem	19
M. Fichel (Eugène), idem	20
M. Flandrin (Jean-Paul), idem	20
M. Fonville (Horace), idem	20
M. Français (François-Louis), idem	20 et 58
M. Frémiet (Emmanuel), sculpteur	76
M. Fromentin (Eugène), peintre	21 et 59
M. Gaillard (Claude-Ferdinand), idem	21 et 60
M. Galbrund (Alphonse-Louis), idem	60
M. Galimard (Auguste-Nicolas), idem	21
M. Gaston-Guitton (Victor-Édouard), sculpteur	76
M. Gatteaux (Jacques-Édouard), idem	61 et 77
M. Gendron (Auguste), peintre	21
M. Geoffroy de Chaume (Victor), sculpteur	77
M. Gérome (Jean-Léon), peintre	22
M. Gervex (Henri), idem	22
M. Giacomotti (Félix-Henri), idem	22
M. Gigoux (Jean-François), idem	22
M. Girard (Pierre), idem	61
M. Giraud (Charles), idem	23
M. Giraud (Pierre-François-Eugène), idem	23
M. Giraud (Victor), idem	23
M. Giroux (André), idem	23
M. Glaize (Auguste-Barthélemy), idem	24
M. Glaize (Pierre-Paul-Léon), idem	24
M. Gleyre (Charles), idem	24
M. Gudin (Théodore), idem	24
M. Guillaume (Claude-Jean-Baptiste-Eugène), sculpteur	77
M. Guillaumet (Gustave), peintre	26
M. Guillemet (Jean-Baptiste-Antoine), idem	26
M. Guiot (Hector), idem	61
M. Hamman (Edouard-Jean-Conrad), idem	26
M. Hanoteau (Hector), idem	26
M. Harpignies (Henri), idem	27
M. Hébert (Ernest-Antoine-Auguste), idem	27
M. Hédouin (Edmond), idem	28
M. Heilbuth (Ferdinand) idem	28
M. Henner (Jean-Jacques), idem	28
Mme Herbelin (Jeanne-Mathilde), idem	61
M. Herpin (Léon), idem	29

TABLE.

	Pages
M. Hesse (Alexandre-Jean-Baptiste), peintre.............	29
M. Hillemacher (Eugène-Ernest)......................	29
M. Hiolle (Ernest-Eugène), sculpteur..................	78
M. Humbert (Ferdinand), peintre.....................	29
M. Isabey (Louis-Gabriel-Eugène), idem .... 30 et	61
M. Iselin (Henri-Frédéric), sculpteur..................	78
M. Jacquand (Claudius), peintre.....................	30
M. Jacque (Charles-Emile), idem.....................	30
M. Jalabert (Charles-François), idem.................	30
M. Jeanron (Philippe-Auguste), idem.................	31
M. Jouffroy (François), sculpteur....................	78
M. Knaus (Louis), peintre...........................	31
M. Kreyder (Alexis), idem...........................	31
M. Lafon (Jacques-Emile), idem	31
M. Lambinet (Emile), idem..........................	32
M. Lami (Eugène), idem.............................	62
M. Landelle (Charles), idem.........................	32
M. Lanoue (Félix-Hippolyte), idem...................	32
M. Lansyer (Emmanuel), idem.......................	32
M. Lapito (Louis-Auguste), idem.....................	33
M. Lapostolet (Charles), idem........................	33
M. Larivière (Charles-Philippe), idem................	33
M. Laugée (Désiré-François), idem...................	33
M. Laurens (Jean-Paul), idem........................	34
Mme Lavillette (Élodie), idem........................	34
M. Lazerges (Jean-Raymond-Hippolyte), idem.........	34
M. Lebel (Edmond), idem............................	34
M. Lecointe (Charles-Joseph), idem..................	34
M. Lecomte du Nouy (Jules-Jean-Antoine), idem	35
M. Lefebvre (Jules-Joseph), idem.....................	35
M. Legros (Alphonse), idem..........................	35
M. Leharivel-Durocher (Victor), sculpteur............	79
M. Lehmann (Charles-Ernest-Rodolphe-Henri), peintre...	35
M. Lehoux (Pierre-Adrien-Pascal), idem..............	36
M. Leleux (Adolphe) idem...........................	36
M. Leleux (Armand), idem...........................	36
M. Lemaire (Philippe-Henri), sculpteur...............	79
M. Lenepveu (Jules-Eugène)), peintre	36
M. Leroux (Eugène), idem...........................	37
M. Leroux (Frédéric-Etienne), sculpteur..............	79
M. Leroux (Hector), peintre	37
M. Lévy (Emile), idem...............................	37
M. Lévy (Henri-Léopold), idem.......................	37
M. Leyendecker (Mathias), idem......................	37
M. Loison (Pierre), sculpteur.........................	79
M. Maignan (Albert), peintre.........................	38

TABLE.

Pages

M. Maillet (Jacques-Léonard), sculpteur.................. 79
M. Maindron (Etienne-Hippolyte), idem................... 80
M. Maisiat (Joanny), peintre............................. 38
M. Maniglier (Henri-Charles), sculpteur 80
M. Marcellin (Jean-Esprit), idem........................ 81
M. Marcello (A.), idem.................................. 81
M. Marchal (Charles-François), peintre.................. 38
M. Maréchal (Charles-Laurent), idem 62
M. Matout (Louis), idem................................. 38
M. Meissonier (Jean-Louis-Ernest), idem................. 39
M. Mélida (Enrique), idem............................... 39
M. Mène (Pierre-Joseph), sculpteur...................... 81
M. Mercié (Antonin), idem............................... 81
M. Merle (Hugues), peintre.............................. 39
M. Michel (Charles-Henri), idem......................... 39
M. Michel (François-Émile), idem........................ 39
M. Michel-Pascal (François), sculpteur.... 82
M. Millet (Aimé), idem.................................. 82
M. Millet (Jean-François), peintre.......... .... 40 et 63
M. Monginot (Charles), peintre.......................... 40
M. Montagny (Etienne), sculpteur........................ 82
M. Montessuy (François), peintre........................ 40
M. Morain (Pierre) idem................................. 40
M. Moreau (Gustave), idem............................... 40
M. Moreau (Mathurin), sculpteur......................... 82
M. Moreau-Vauthier (Augustin), idem 82
M. Mouchot (Louis), peintre............................. 41
M. Moulin (Hippolyte), sculpteur........................ 83
M. Muller (Charles-Louis), peintre...................... 41
M. Mussini (Louis), idem................................ 41

M. Nanteuil (Célestin), idem 63
M. Nazon (François-Henri), peintre...................... 42

M. Oliva (Alexandre-Joseph), sculpteur.................. 83
M. Ouvrié (Pierre-Justin), peintre...................... 42

M. Paris (Camille), idem................................ 42
M. Parmentier (Mme Eugénie), idem...... 64
M. Patrois (Isidore), idem.............................. 42
M. Pelouse (Léon Germain), idem......................... 43
M. Philippoteaux (Henri-Emmanuel-Félix), peintre....... 43
M. Place (Henri), idem.................................. 43
M. Pleysier, idem....................................... 43

M. Ranvier (Joseph-Victor), idem........................ 43
M. Regnault (Alexandre-Georges-Henri), idem .... 44 et 64
M. Renard (Émile), idem................................. 44
M. Ribot (Théodule), idem............................... 44
M. Richomme (Jules), idem............................... 45
M. Riesener (Louis-Antoine-Léon), idem 45

	Pages
M. ROBERT-FLEURY (Joseph-Nicolas), peintre...............	45
M. ROBERT-FLEURY (Tony), idem.........................	46
M. ROCHARD (Simon-Jacques), idem.....................	65
M. ROUSSEAU (Philippe), idem..........................	46
M. RUDDER (Louis-Henri de), idem......................	47
M. SAIN (Édouard-Alexandre), peintre...................	47
M. SAINT-MARCEAUX (René de), sculpteur................	83
M. SALMSON (Jean-Jules), idem.........................	83
M. SAUTAI (Paul-Émile), peintre........................	47
M. SCHŒNEWERK (Alexandre), sculpteur.................	83
M. SCHREYER (Adolphe), peintre........................	47
M. SCHRÖDER (Louis), sculpteur........................	84
M. SCHUTZENBERGER (Louis-Frédéric), peintre...........	47
M. SEBRON (Hippolyte), idem...........................	48
M. SÉGÉ (Alexandre), idem	48
M. SIGNOL (Émile), idem...............................	48
M. SOLDI (Émile-Arthur), graveur en médailles...........	84
M. SOYER (Paul), peintre...............................	49
M. SYLVESTRE (Joseph-Noël), idem.....................	49
M. TASSAERT (Nicolas-François-Octave), peintre.... 49 et	66
M. THOMAS (Gabriel-Jules), sculpteur...................	84
M. TIMBAL (Louis-Charles), peintre.....................	49
M. TISSOT (James), idem...............................	50
M. TOURNEMINE (Charles-Émile de), idem...............	50
M. TOURNOIS (Joseph), sculpteur.......................	84
M. TOURNY (Joseph-Gabriel), dessinateur...............	66
M. TRAYER (Jean-Baptiste-Jules), peintre...............	50
M. TROISVAUX (Amable-Jean-Baptiste Désiré), idem	66
M. TRUPHÈME (François), sculpteur.....................	84
M. ULMANN (Benjamin), peintre.........................	50
M. VECHTE (Antoine), sculpteur.........................	85
M. VERNIER (Émile-Louis), peintre......................	51
M. VETTER (Jean-Hégésippe), idem.....................	51
M. VIDAL (Vincent), idem.	66
M. VOLLON (Antoine), idem.............................	51
M. WEBER (Otto), idem................................	52
M. WORMS (Jules), idem...............................	52
M. WYLD (William), idem..............................	52
M. ZIEM (Félix), idem.................................	53
M. ZO (Achille), idem	53

www.ingramcontent.com/pod-product-compliance
Lightning Source LLC
Chambersburg PA
CBHW070259230526
45470CB00002B/643